首都圏版㉔

最新入試に対応！ 家庭学習に最適の問題集!!

日出学園小学校

2024年度版 過去問題集

合格までのステップ

JN035365

2020～2023年度
過去問題を掲載

日本学習図書 ニチガク

ニチガク式学習支援!!

日本学習図書 ニチガク

ニチガクの家庭学習支援

Web学習サポートサービス

こんなこと…ありませんか？

「ニチガクの問題集…買ったはいいけど、、、
この問題の教え方がわからない（汗）」

メールでお悩み解決します！

- ☆ ホームページ内の専用フォームで必要事項を入力！
- ☆ 教え方に困っているニチガクの問題を教えてください！
- ☆ 確認終了後、具体的な指導方法をメールでご返信！
- ☆ 全国どこでも！ スマホでも！ ぜひご活用ください！

<質問回答例>

学習のポイント

推理分野の学習では、後の学習に活きる思考力を養うことができます。ご家庭で指導する場合にも、テクニックにたよらず、保護者の方が先に基本的な考え方を理解した上で、お子さまによく考えさせることを大切にして指導してください。

Q.「お子さまによく考えさせることを大切にして指導してください」と学習のポイントにありますが、考える習慣をつけさせるためには、具体的にどのようにしたらいいですか？

A. お子さまが考える時間を持てるように、質問の仕方と、タイミングに工夫をしてみてください。
たとえば、「答えはあっているけど、どうやってその答えを見つけたの」「答えは○○なんだけど、どうしてだと思う？」という感じです。はじめのうちは、「必ず30秒考えてから手を動かす」などのルールを決める方法もおすすめです。

まずは、ホームページへアクセスしてください!!

http://www.nichigaku.jp　日本学習図書　検索

目指せ！合格！

家庭学習ガイド
日出学園小学校

ペーパー　口頭試問　行動観察　志願者面接　保護者面接

入試情報

応募者数：男子 146 名　女子 120 名
出題形態：ペーパー、ノンペーパー
面　　接：保護者面接、志願者面接（口頭試問）
出題領域：ペーパー（お話の記憶、数量、言語、図形、推理）、行動観察

入試対策

2023 年度の入試は、第一志望入試、一般入試（第１回）、一般入試（第２回）の３日程で行われました。ペーパーテストの出題範囲は、お話の記憶、数量、言語、図形、推理と多岐に渡ります。問題の難易度はそれほど高くありませんが、問題数が多いのが特徴です。すべての分野の基礎問題を繰り返して解き、しっかりと理解できるようにしましょう。また、集中力とスピードも求められます。時間を意識した取り組みも必要です。志願者面接では、園や家族、自分の好きなものについてなど、基本的な質問が多く問われています。また、例年、口頭試問の常識の問題では、マナーに関する質問が出題されています。マナーはすぐに身に付くものではありませんから、早い段階から、交通ルールや電車など公共交通機関での振る舞いを意識した生活を心がけてください。保護者面接では、教育方針やお子さまについてなどが質問されます。質問は、回答者の指定がないようですが、ご両親で参加される方は、どちらでも答えられるように事前に家庭内で話し合いをしておくとよいでしょう。

●当校の 2023 年度入試のペーパーテストでは、引き続き「推理」分野からの出題が多く見られました。「推理」分野の要素もある重ね図形の問題や、決められた約束に従って結果を推理する問題が出題されています。「推理」の問題は、さまざまなジャンルの要素を含んでいます。中でも図形・数量の知識は必要になるので、他分野の問題にも積極的に取り組んでください。

●記憶の問題は、文章を読み上げ、それについて内容を問う形で出題されています。出題に使用されるのは短い物語ですが、他分野の図形や、数量について述べるものなど、複合的な出題が見られます。単純にお話の内容を問うという形ではないので、聞き取りの際はまず、数字や順番などの点に注意しながら聞くことを意識するとよいでしょう。

●数量の問題は、10 問出題されました。難易度は高くないですが、問題数が多いので、見直しができるようにスピードを重視した対策をしておきましょう。

「日出学園小学校」について

〈合格のためのアドバイス〉

当校は、高校まで一貫して「なおく　あかるく　むつまじく」として、生きる力を養う総合教育を行っています。また、児童の習熟度などに合わせての少人数制授業や、9教科で専科制がとられ、英語では担当教師のほかに、もう1人の教師が助力し授業を行う、Team Teachingを実施しています。

2016年度入試より、「第一志望入試」と「一般入試」の2回が実施されています。また、出願についてもWeb出願が新しく導入されるなど、志願者のための改革が行われています。学校のホームページなどの情報はしっかりチェックしましょう。

2023年度は、「第一志望入試」が1回、「一般入試」が2回、計3回の入試が実施されました。また、昨年に引き続き「図形」「常識」「記憶」「推理」などの分野の問題も出題されています。年度によって出題分野が変化するので、ご家庭の学習でも、2023年度だけでなく、それ以前の出題分野も把握しておいた方がよいでしょう。

さらに、「第一志望入試」と「一般入試」すべての入試において、「常識」分野の問題がペーパーではなく、面接時の個別テストとして出題される形式が定着してきています。個別テストでは、単に絵を見て「どれが悪いか」と聞かれるだけでなく、「なぜ悪いか」というところまで掘り下げて聞かれます。保護者の方はお子さまにマナーについて話す時は、その理由も説明して、お子さまが理解できるようにしてください。

私立小学校では遠距離通学が多いこともあり、道徳やマナーは当校だけでなく、多くの学校が重視されています。保護者の方は生活の中で、よいこと・悪いことの区別ができるように指導しましょう。保護者アンケートでは、志望動機のほか、家庭環境、お子さまとのコミュニケーションについての質問があります。面接で聞かれる可能性もありますので、答えられるようにしておきましょう。

〈2023年度選考〉

◆ペーパーテスト
（第一志望入試：お話の記憶、数量、言語、図形、推理）
（一般入試：お話の記憶、数量、言語、図形、推理）
◆行動観察（ゲーム）
◆保護者面接、志願者面接（口頭試問）

◇過去の応募状況

2023年度	男子	146名	女子	120名
2022年度	男子	138名	女子	117名
2021年度	男子	94名	女子	95名

〈本書掲載分以外の過去問題〉

◆数量：絵にいくつ加えると10になるか。[2019年度]
◆常識：同じ季節に関係するもの同士を線で結ぶ。[2019年度]
◆図形：矢印の方向から積み木を見ると、積み木はいくつあるように見えるか。[2019年度]
◆観察：紙コップを高く積み上げる。折り紙で輪を作ってつなげる。[2019年度]

日出学園小学校

過去問題集

〈はじめに〉

現在、少子化が叫ばれているにもかかわらず、私立・国立小学校の入学試験には一定の応募者があります。入試は、ただやみくもに学習するだけでは成果を得ることはできません。志望校の過去における出題傾向を研究・把握した上で、練習を進めていくこと、試験までに志願者の不得意分野を克服していくことが必須条件です。そこで、本問題集は小学校を受験される方々に、志望校の出題傾向をより詳しく知って頂くために、出題頻度の高い問題を結集いたしました。最新のデータを含む精選された過去問題集で実力をお付けください。

また、志望校の選択には弊社発行の**「2024年度版　首都圏・東日本　国立・私立小学校　進学のてびき」**をぜひ参考になさってください。

〈本書ご使用方法〉

◆出題者は出題前に一度問題を通読し、出題内容などを把握した上で、**〈　準　備　〉**の欄に表記してあるものを用意してから始めてください。

◆お子さまに絵の頁を渡し、出題者が問題文を読む形式で出題してください。問題を読んだ後で、絵の頁を渡す問題もありますのでご注意ください。

◆**「分野」**は、問題の分野を表しています。弊社の問題集の分野に対応していますので、復習の際の目安にお役立てください。

◆一部の描画や工作、常識等の問題については、解答が省略されているものがあります。お子さまの答えが成り立つか、出題者が各自でご判断ください。

◆**〈　時　間　〉**につきましては、目安とお考えください。

◆本文右端の**［〇年度］**は、問題の出題年度です。**［2023年度］**は、「2022年の秋に行われた2023年度入学志望者向けの考査で出題された問題」という意味です。

◆**学習のポイント**は、指導の際にご参考にしてください。

◆**【おすすめ問題集】**は各問題の基礎力養成や実力アップにご使用ください。

〈本書ご使用にあたっての注意点〉

◆文中に**この問題の絵は縦に使用してください。**と記載してある問題の絵は縦にしてお使いください。

◆**〈　準　備　〉**の欄で、クレヨン・クーピーペンと表記してある場合は12色程度のものを、画用紙と表記してある場合は白い画用紙をご用意ください。

◆文中に**この問題の絵はありません。**と記載してある問題には絵の頁がありませんので、ご注意ください。なお、問題の絵の右上にある番号が連番でなくても、中央下の頁番号が連番の場合は落丁ではありません。

下記一覧表の●が付いている問題は絵がありません。

問題１	問題２	問題３	問題４	問題５	問題６	問題７	問題８	問題９	問題10
問題11	問題12	問題13	問題14	問題15	問題16	問題17	問題18	問題19	問題20
●	●								
問題21	問題22	問題23	問題24	問題25	問題26	問題27	問題28	問題29	問題30
			●	●					
問題31	問題32	問題33	問題34	問題35	問題36	問題37	問題38	問題39	問題40
	●								
問題41	問題42	問題43	問題44	問題45					
			●						

㊢ 先輩ママたちの声！

◆実際に受験をされた方からのアドバイスです。
ぜひ参考にしてください。

日出学園小学校

・試験は２つのグループで同時にスタートします。待機している時間はほとんどありません。

・面接ではアンケートと異なる内容が問われました。試験前に、夫婦の間で教育方針などをしっかりと確認しておいてよかったと思いました。

・質問する先生と、後ろでメモをとっている先生がいて緊張しました。
子どもの面接も、質問をする先生とは別に、後ろでメモをとる先生がいたそうです。

・面接は、保護者と子どもが同じ部屋の別々の場所で行われました。後で子どもに聞いてみたところ、同じ内容の質問も一部あったようです。

・試験中、保護者はアンケートに答えます。内容は志望動機など一般的なものですが、準備をしておいた方がよいと思います。

・子どもの面接では、マナーについての質問（口頭試問）があったようです。絵を見て「どの子がよくないことをしていますか」という質問に答えたそうです。

・行動観察では、態度や姿勢について観られているようです。日頃の生活から意識したほうがよいと思います。

◎学習効果を上げるため、前掲の「家庭学習ガイド」及び「合格のためのアドバイス」をお読みになり、各校が実施する入試の出題傾向を、よく把握した上で問題に取り組んでください。
※冒頭の「本書のご使用方法」「ご使用にあたっての注意点」も併せてご覧ください。

2023年度の最新入試問題

問題1　分野：お話の記憶　※第一志望入試

〈準備〉　鉛筆

〈問題〉　今から読むお話をよく聞いて、次の質問に答えてください。

今日は朝からよく晴れて、青空が広がっています。たろうくんは、お友だちのゆみこちゃんと一緒に三角公園へ行く約束をしています。集合する場所は、2人の家の間にある図書館の前のバス停です。たろうくんがバス停に着くと、ゆみこちゃんが先に待っていました。「ごめんね。待った？」と聞くと、「待っていないよ、わたしも今来たところなの。」と言いました。しばらくすると、バスがやってきました。運転手さんに「三角公園は停まりますか。」と聞くと、「停まりますよ。」と教えてくれたので、2人はお礼を言って一番奥の席に座りました。三角公園は、図書館の前のバス停から3つ目です。三角公園に着くと、たくさんの人がいました。2人は遊具広場へ行き、ブランコで遊ぶことにしました。遊具広場は、あまり人がいなかったので、たくさん遊びました。しばらくすると、ゆみこちゃんが「そろそろお弁当を食べましょう。」と言い、近くのベンチに座りました。たろうくんのお弁当箱にはおにぎりが3つ、ゆみこちゃんのお弁当箱にはおにぎりが2つ入っています。2人はお弁当を食べた後、芝生の広場を散歩することにしました。コスモスがたくさん咲いています。風に揺れてとても綺麗です。すると、ゆみこちゃんが「空が暗くなってきたね。」と言いました。たろうくんも空を見上げると、雲が広がっていることに気が付きました。たろうくんは「早めに帰ろうか。」と言い、2人はまたバスに乗って、それぞれの家に帰りました。

（問題1の絵を渡す）
①2人は三角公園までどうやって行きましたか。一番上の段の絵から選んで、○をつけてください。
②たろうくんのお弁当に入っていたおにぎりはいくつですか。上から2段目に、その数だけ○を書いてください。
③このお話の季節はどれですか。真ん中の段の絵から選んで、○をつけてください。
④広場に咲いていた花はどれですか。下から2段目の絵から選んで、○をつけてください。
⑤三角公園から帰る時の天気はどれですか。一番下の段の絵から選んで、○をつけてください。

〈時間〉　各30秒

〈解答〉　①右端（バス）　②○3つ　③右端（秋）　④右端（コスモス）
⑤左から2番目（くもり）

学習のポイント

お話の記憶は、お話の最後になるにつれて集中力が低下します。そのため、今回の問題では、特に⑤の問題の正誤に注目し、お話をしっかりと記憶できているかどうか、確認をしてください。記憶できていないようであれば、お話の記憶の問題を解く前に、「幼稚園で何をしたのか」「誰としたのか」「どう思ったのか」など、今日あった出来事を質問してみましょう。事前に、頭にイメージしてから読み聞かせをすることで、どのように想像したらよいか、その過程が分かり、記憶力の向上につながります。つまり、お話の記憶は、内容が実際に体験したことに近ければ近いほど、記憶に残りやすくなるといえます。特別なことでなくてもよいので、身の回りのさまざまなことを体験する機会をつくるようにしましょう。

【おすすめ問題集】

１話５分の読み聞かせお話集①②、　お話の記憶 中級編・上級編、
Ｊｒ・ウォッチャー19「お話の記憶」

問題2　分野：お話の記憶　※一般入試

〈準備〉　鉛筆

〈問題〉　今から読むお話をよく聞いて、次の質問に答えてください。

今日は日曜日です。ゆうこさんは朝からとてもワクワクしています。今日は、久しぶりにおばあちゃんに会えるからです。おばあちゃんの家は森の中にあるので、お母さんと車に乗って行きます。「ゆうこ、そろそろ行くよ」と、先に車に乗ったお母さんに呼ばれました。返事をして、急いでリュックサックを背負い、お気に入りの靴を履いて家を出ました。車に乗り、外の景色を見ていると、とても綺麗な花が咲いていました。「あの紫色のお花はなんていうの？」と聞くと、「あれはアサガオというのよ」と教えてくれました。しばらくすると、おばあちゃんの家に着きました。家の前には、小さな花がたくさん咲いていました。家に入ると、おばあちゃんが出迎えて、ゆうこさんにリボンのついた麦わら帽子のプレゼントをくれました。「ありがとう！」ゆうこさんはとても嬉しくて、にっこり笑いました。家に入り、みんなでお昼ご飯を食べていると、雨が降ってきました。ゆうこさんはお庭でなわとびをしたかったのですが、部屋の中でお絵描きをすることにしました。２枚描き終わった時、「そろそろおやつにしましょう」とおばあちゃんがいちごを出してくれました。お皿には３つずつ乗っていましたが、おばあちゃんが１つ分けてくれました。しばらくすると雨が止んだので、ゆうこさんはもらった麦わら帽子をかぶって外に出ました。すると、クマとウサギが遊んでいるのが見えたので、ゆうこさんが声をかけると、クマが遊びに誘ってくれました。様子を見にきたおばあちゃんが、「写真を撮ってあげましょう」と言うと、クマはウサギとの間にゆうこさんを入れてくれました。帰る時、ゆうこさんは、おばあちゃんに「また来るね」と約束しました。

（問題２の絵を渡す）

①ゆうこさんが遊んでいたものはどれですか。一番上の段の絵から選んで、○をつけてください。

②ゆうこさんがにっこり笑ったことと関係があるものはどれですか。上から２段目の絵から選んで、○をつけてください。

③ゆうこさんの分のいちごはいくつですか。真ん中の段に、その数だけ○を書いてください。

④このお話の季節の後の季節に咲く花はどれですか。下から２段目の絵から選んで、○をつけてください。

⑤おばあちゃんが撮ってくれた写真はどれですか。一番下の段の絵から選んで、○をつけてください。

〈時間〉　各30秒

〈解答〉　①右端　②左端　③○４つ　④左端と右端　⑤右端

学習のポイント

今回の内容は、ファンタジーの要素が含まれたお話でした。お話の記憶は、細かく聞き取れていることと、内容を理解し記憶できていることが求められます。学習とは別に、普段から絵本や童話などに触れる機会を多くつくることをおすすめいたします。読み聞かせをした後は、そのまま終わりにするのではなく、どのようなお話だったか、お話を聞いてどう思ったか、お子さまにいくつか質問をしたり、感想を伝え合ったりするとよいでしょう。そうすることで、内容をより深く理解することができます。特に⑤は、「リボンのついた帽子」を聞き取れること、「クマはウサギとの間にゆうこさんを入れて」が、「ゆうこさんはクマとウサギの間」という位置関係を把握できることが求められ、難易度が高い問題です。お子さまがしっかりと記憶できているかどうか確認してください。また、保護者の方がお話を読む際は、内容がしっかりと伝わるようにゆっくりと丁寧に読むことを心がけてください。

【おすすめ問題集】

1話5分の読み聞かせお話集①②、 お話の記憶 中級編・上級編、
Ｊｒ・ウォッチャー19「お話の記憶」

問題3　分野：数量　※第一志望入試

〈準備〉　鉛筆

〈問題〉　左の四角の中の絵と同じ数にするには、右側の○印のついているものと、もう一つはどれを選べばいいですか。選んで○をつけてください。

〈時間〉　各20秒

〈解答〉　①右から２番目　②左端　③右端　④左から２番目　⑤左から２番目　⑥右端　⑦左端　⑧右から２番目　⑨左から２番目　⑩左端

学習のポイント

この問題では、左の四角にいくつあるか、正しく数を数えられることが前提です。数え間違えると、解答もおのずと間違えてしまうので、ミスのないよう慎重に数えるようにしましょう。当校では、算数の基盤は計算力であり、計算において「速さ」「正確さ」が不可欠だと考えています。日常生活で具体物を利用し、意識的に数に触れるようにしてください。例えば、おやつの時間に、数を指定してお子さま自身にその数の分のおやつを取らせたり、２種類のおやつを出し、「合わせたらいくつになるかな？」と質問したりすることで、自然と数を身近に感じることができます。数量の問題は、小学校の算数の基礎となります。苦手意識を持たないように、今のうちから対策をしておくとよいでしょう。

【おすすめ問題集】

Ｊｒ・ウォッチャー14「数える」、41「数の構成」

問題4　分野：数量　※一般入試

〈準備〉　鉛筆

〈問題〉　左の四角の中の絵と同じ数にするには、右側のどれとどれを選べばよいか、２つ選んで○をつけてください。

〈時間〉　各20秒

〈解答〉　①左から２番目・右から２番目　②左端・右から２番目
③左から２番目・右から２番目　④左から２番目・右端　⑤右から２番目・右端
⑥左端・左から２番目　⑦左端・右から２番目　⑧左端・右端
⑨左から２番目・右から２番目　⑩右から２番目・右端

学習のポイント

第一志望入試で出題された問題３と内容は同じですが、この問題では、組み合わせを２つとも選ぶ必要があるため、少し難易度が上がっています。時間内に解くためには、数えるスピードをあげる必要があります。対策として、身の回りのものを使って数える機会を増やすことが効果的です。例えば、トランプやオセロの駒などを早く並べるというゲームをお子さまと一緒にやってみましょう。その時に、時間を計りながら行うとよいでしょう。日常生活に取り入れ、楽しく取り組むことをおすすめいたします。この問題では、後半になると絵の数が増えてきますので、ランダムに数えると、ミスをする可能性が高くなります。縦と横どちらでも、好きな方で構いませんので、数える方向を一定にするようにしましょう。

【おすすめ問題集】
Ｊｒ・ウォッチャー14「数える」、41「数の構成」

問題5　分野：言語　※第一志望入試

〈準備〉　鉛筆

〈問題〉　左の絵の言葉が入っている絵を見つけて○をつけてください。

〈時間〉　各20秒

〈解答〉　①左から２番目　②左から２番目〈尾(お)〉　③右から２番目　④左端
⑤左端　⑥右端　⑦右から２番目　⑧右端　⑨右から２番目　⑩右端

学習のポイント

この問題に出てきた絵は、すべて知っているものだったでしょうか。言葉の名前や音を正確に覚えていないと、この問題は解くことができません。基本的なものばかりですので、知らない言葉があったら、今のうちに覚えておきましょう。新しく言葉を覚える時は、実物を見せるのが効果的です。トマトを例に出すと、どうやって育つのか、切ると断面はどのようになっているか、どのような料理に使うのかなど、紐づく情報も一緒に学ぶと一気に知識の幅が広がります。そうすると、もっと知りたいという欲が芽生え、好奇心が刺激されます。一度の機会を最大限に活用して、お子さまの語彙力を伸ばしていきましょう。

【おすすめ問題集】
Ｊｒ・ウォッチャー18「いろいろな言葉」、60「言葉の音（おん）」

問題6　分野：言語　※一般入試

〈準備〉　鉛筆

〈問題〉　左の四角の中のものに、1文字足すと何になりますか。右の中から探して○をつけてください。

〈時間〉　各20秒

〈解答〉　①左から2番目　②左端　③左から2番目　④右端　⑤左から2番目　⑥右端　⑦左端　⑧左から2番目　⑨右から2番目　⑩左から2番目

学習のポイント

言語分野の問題に取り掛かる時は、まず、お子さまの現在の語彙力を把握することから始めてください。見たことはあっても、名前を覚えていないものなどは、保護者の方と一緒に、言葉を一音ずつ確認していくのがよいでしょう。また、日常生活のあらゆる場面を利用して、語彙を増やしていくようにしましょう。どのような意味なのか、どのような時に使うのかなど、言葉に付随した知識をつけていくために、実例を見ながら覚えるようにしてください。当校の国語の授業では、「語彙力を高め、豊かな表現力を身につける」ことを研究主題にしています。単に言葉を暗記させるだけだと、苦手意識をもってしまい、入学後にお子さま自身が苦労してしまうことになりかねません。身の回りのものを利用して、楽しく学んでいけるように工夫しましょう。

【おすすめ問題集】

Ｊｒ・ウォッチャー18「いろいろな言葉」、60「言葉の音（おん）」

問題7　分野：図形（座標）　※第一志望入試

〈準備〉　鉛筆

〈問題〉　左側のマスに書いてある印を、右側のマスの同じ位置に書き写してください。

〈時間〉　各20秒

〈解答〉　省略

学習のポイント

本問は、図形分野の座標の問題です。座標とは、図形の位置を模写することを意味します。問題自体の難易度は高くありませんので、単純なミスをしないように注意しましょう。気をつける点としては、一度に全部の記号を写そうとすると、位置を間違えてしまう可能性があります。左右の図を1マスずつ対応させながら、作業を進めていくようにしましょう。初めのうちは、1マスずつ指で追いながら書いていくことをおすすめします。慣れてくると、徐々に目だけで追いながら、正確に模写できるようになります。スピード重視の問題ですので、手際よく照合させて進めていけるように練習を重ねましょう。

【おすすめ問題集】

Ｊｒ・ウォッチャー2「座標」

問題8　分野：観察　※一般入試

〈準備〉　鉛筆

〈問題〉　それぞれの四角の中で、他の絵と違うものを探して○をつけてください。

〈時間〉　各20秒

〈解答〉　①真ん中　②右から２番目　③左端　④右から２番目　⑤左から２番目
⑥真ん中　⑦右端　⑧左から２番目　⑨左端　⑩左から２番目

学習のポイント

絵を見比べて、違う絵を見つける問題です。練習の際、はじめのうちは時間を決めず、他の絵と違うものが見つかるまで解いてみましょう。時間をかけても、「自分で見つける」という体験を積むと、解くことが楽しいと思うようになります。慣れてきたら、徐々に時間を決めて解いていくようにしましょう。このような問題は、先入観をもって取り組んでしまうと、なかなか見つけることができません。端から注意深く、見落としのないように、細部まで観察するようにしましょう。また、この問題は集中力が大きく影響します。周りに気を散らす物を置かないようにするなど、学習環境にも配慮することが大切です。

【おすすめ問題集】
Ｊｒ・ウォッチャー20「見る記憶・聴く記憶」

問題9　分野：推理（迷路）　※第一志望入試

〈準備〉　鉛筆

〈問題〉　今からお約束を言うのでよく聞いてください。ネズミさんが線の上を歩きます。進んでいくと、別の道にも行けるところがあります。その場所に警備員さんがいたら曲がります。しかし、警備員さんがいないところはまっすぐ進みます。この時、ネズミさんはどの動物の家に着きますか。その家に○をつけてください。

〈時間〉　各20秒

〈解答〉　①クマ　②ウサギ　③クマ　④イヌ　⑤リス

学習のポイント

まずは、お約束をしっかりと聞き取ることが大切です。お約束を聞き漏らしたり、混乱して聞き間違えて記憶してしまったりすると、解答もすべて間違えてしまいます。最後まで集中して指示を聞くようにしましょう。また、スタートする時は右に向かって進みますが、曲がり角があると進む方向も変わってきます。例えば、⑤の問題では、曲がり角に着くと下に向かって進みます。「警備員さんがいないところはまっすぐ進む」という指示の「まっすぐ」の意味が変わるため、注意が必要です。また、動物の家に○をつけるよう指示が出ています。問題を考える時に、筆記用具で道順をなぞっていると、解答の印が不鮮明だと判断される場合があります。指示以外のことはしないように注意しましょう。

【おすすめ問題集】
Ｊｒ・ウォッチャー７「迷路」

問題10　分野：図形（系列）　※一般入試

〈準備〉　鉛筆

〈問題〉　上の四角に描いてある順番でくだものが並んでいます。この時、「？」マークに入るくだものはどれですか。下の四角の中から探して○をつけてください。

〈時間〉　1分30秒

〈解答〉　①バナナ　②カキ　③カキ　④バナナ　⑤カキ

学習のポイント

系列の問題です。お子さまはどれくらい正解できたでしょうか。③や⑤は、解答の箇所以外も見えなくなっており、難易度の高い問題です。思考力が必要な問題なので、苦手意識をもつお子さまもいるかもしれません。解きやすい方法を1つ紹介します。まず、順番で並んでいるお約束と各問題の中から、それぞれ1つずつ同じ絵を見つけて、指で押さえます。系列に沿ってそれぞれの指をずらしていくと、絵がお約束によって並んでいることが分かります。目で追いかけながら確認をしていけば、解答を導き出すことができます。はじめのうちは時間がかかりますが、繰り返し練習することで、徐々に慣れていき、指で押さえなくても当てはまる答えが分かるようになります。今のうちに、あらゆる問題に対応できる思考力を養いましょう。

【おすすめ問題集】

Ｊｒ・ウォッチャー6「系列」

問題11　分野：行動観察（集団）　※第一志望入試

〈準備〉　椅子

〈問題〉　この問題の絵はありません。

椅子取りゲームをやります。先生が動物のポーズをするので、その真似をしながら席を立って、今座っていた椅子以外の椅子に座ってください。座れなかったら、真ん中に立ち、別の動物のポーズをしながら質問をしてください。質問はなんでもよいです。その質問に当てはまる人は、動物のポーズをしながら席を立って移動します。ただし、走ってはいけません。

〈時間〉　適宜

〈解答〉　省略

家庭学習のコツ①　「先輩ママのアドバイス」を読みましょう！

本書冒頭の「先輩ママのアドバイス」には、実際に試験を経験された方の貴重なお話が掲載されています。対策学習への取り組み方だけでなく、試験場の雰囲気や会場での過ごし方、お子さまの健康管理、家庭学習の方法など、さまざまなことがらについてのアドバイスもあります。先輩ママの体験談、アドバイスに学び、ステップアップを図りましょう！

学習のポイント

イス取りゲームの問題ですが、「なんでもバスケット」に近い行動観察の課題です。イスに座れなかったからといって、減点されることはありません。保育園や幼稚園などでは、遊びの一環として行うかと思いますので、どうしても騒いだり、ふざけたりしてしまうお子さまもいるかもしれませんが、態度や姿勢なども観点となりますので注意してください。走らないように、との指示も出ています。必ず指示を守り、お友だちとぶつからないように気をつけてください。また、動物のポーズをしっかりとできたでしょうか。恥ずかしがってポーズが控えめになってしまったり、やらなかったりすると、意欲的でないと評価される可能性があります。一生懸命取り組みましょう。

【おすすめ問題集】

Ｊｒ・ウォッチャー29「行動観察」

問題12　分野：行動観察　※一般入試

〈準備〉　椅子５脚
イヌ、ネコ、ゾウ、クマ、ウサギの絵をそれぞれの背もたれに貼り、椅子を円状に配置する。

〈問題〉　**この問題の絵はありません。**
５人グループで行う。
イヌ、ネコ、ゾウ、クマ、ウサギの役を決めます。誰がどの動物役をやるか話し合ってください。決めたら、先生に教えてください。
①自分の役と同じ動物の椅子に座ってください。
②全員一つ右の椅子に移動して座ってください。
③今座っている椅子以外の椅子に座ってください。
④初めに座った椅子に戻ってください。

〈時間〉　適宜

〈解答〉　省略

学習のポイント

行動観察は、取り組む姿勢、意欲などの要素が観点の大きな割合を占める問題と考えられます。最後まで諦めず、一生懸命取り組むように指導してください。また、動物役を決める時は、自分の意見をはっきりと伝えるようにしましょう。もし、やりたい役が被った時は相談し、みんなが納得する形で取り組めることが理想です。話し合いの時に、お友だちを悪く言ったり、自分の意見だけを押し通してはいけません。どのような役になっても、指示を守り、楽しく続けるとよいでしょう。動物役が決まったら、先生に報告しに行きます。自分がどの役をやるのか、大きな声でしっかりと先生に伝えましょう。

【おすすめ問題集】

Ｊｒ・ウォッチャー29「行動観察」

問題13　分野：保護者面接・志願者面接

〈準備〉 なし
（親子同室だが、面接は別々で行う）

〈問題〉 〈保護者へ〉
・園の中でトラブルが起きた時、どのように対処しましたか。
・お子さまがいけないことをした時、どのように対応しましたか。
・家でのお手伝いは何をさせていますか。
・最近、お子さまを褒めたことは何ですか。
・お子さまが言うことを聞かない時、どのようにしますか。
・お子さまが将来YouTuberになりたいと言ったら、どのようにサポートしますか。

〈志願者へ〉
・お名前を教えてください。
・幼稚園・保育園の名前は何ですか。
・お友だちの名前は何ですか。
・お家でのお約束を教えてください。
・最近、お父さんやお母さんに褒められたことは何ですか。
・好きな物語について教えてください。

（問題13の絵を見せる）
・この中でいけないことをしている人は誰ですか。それはどうしていけないのですか。

〈時間〉 保護者・志願者ともに５分程度

〈解答〉 省略

学習のポイント

保護者、志願者共に、基本的な内容が多く質問されました。志願者への質問の中に、好きな物語について聞かれますが、題材は絵本に限らず、映画やアニメなどジャンルは問わないそうです。ただ、その作品の題名を答えるだけでなく、どのようなところがどうして好きなのか、しっかりと説明できる必要があります。日頃から、絵本の読み聞かせや映画鑑賞などの後に、どのような場面が印象に残っているか、この作品についてどう思ったかなど、いくつか質問をしてみるとよいでしょう。また、保護者への質問については、最後の質問が想定外だったでしょうか。面接は正解がありませんのでどのように答えても問題はないですが、家庭内で話し合いをし、教育方針を固めておいたほうがよいでしょう。

【おすすめ問題集】
新 小学校受験の入試面接Ｑ＆Ａ、入試面接最強マニュアル、面接テスト問題集
Ｊｒ・ウォッチャー56「マナーとルール」

2022年度以前の入試問題

問題14　分野：お話の記憶　※第一志望入試

〈準 備〉　鉛筆

〈問 題〉　お話をよく聞いて、後の質問に答えてください。

今日はおじいちゃんの誕生日です。はなこさんはいつも優しいおじいちゃんのことが大好きです。これからお父さんとお母さんと一緒におじいちゃんの家に行って、おじいちゃんの誕生日会をします。はなこさんは、クマが大好きなおじいちゃんに、折り紙でクマを折りました。早くおじいちゃんに渡したくて、朝ごはんのサンドイッチを食べながらソワソワしています。それを見たお母さんが、「まだ家を出るまでに時間があるから、おじいちゃんの好きなクッキーを焼きましょうか。」と言いました。はなこさんは、「いいね。でもおじいちゃんはドーナツも好きだよ。」と言うと、「そうしたら、ドーナツは、おじいちゃんの家に行く途中のドーナツ屋さんで買いましょう。」と言いました。はなこさんは、「そうしよう！」と言い、早速手を洗いました。お母さんに教えてもらいながら、上手に生地を作っていきます。「後は焼くだけね。その間に出かける準備をしておいで。」と言われ、はなこさんは自分の部屋で支度をしました。お気に入りのリボンの髪飾りをつけてリビングに戻ると、とてもいい匂いがしています。クッキーがとてもおいしそうに出来上がりました。おじいちゃんの分が４枚、お父さんとお母さんとはなこさんの分が２枚ずつです。はなこさんは、ますます早くおじいちゃんに会いたくなりました。お父さんが車を運転し、途中でお母さんがドーナツ屋さんに寄って、ドーナツを１人２つずつ買いました。おじいちゃんの家に着くと、おじいちゃんは散歩に出ているようで、留守でした。その間に飾り付けをして、お母さんは料理の準備をしました。家に戻ってきたおじいちゃんはとても驚き、誕生日会は大成功でした。はなこさんが作ったクマの折り紙を渡すと、「おじいちゃんのメガネも描いてくれたのだね。ありがとう。」と、とても喜んでくれました。

（問題14の絵を渡す）

①おじいちゃんの分のクッキーは何枚ですか。一番上の段に、その数だけ○を書いてください。
②はなこさんの分のドーナツはいくつですか。上から２段目に、その数だけ○を書いてください。
③お話に出てこなかったものは何ですか。真ん中の段の絵から選んで、○をつけてください。
④はなこさんが作ったクマの折り紙はどれですか。下から２段目の絵から選んで、○をつけてください。
⑤ドーナツ屋さんに寄ったのは誰ですか。一番下の段の絵から選んで、○をつけてください。

〈時 間〉　各30秒

〈解 答〉　①○４つ　②○２つ　③右端（ケーキ）　④右端（メガネを掛けたクマ）
⑤左から２番目（お母さん）

［2022年度出題］

学習のポイント

お話の記憶を解くために、「想像力」「記憶力」「理解力」「語彙力」「集中力」が必要であるといわれています。この５つの力は、小学校に入学後も授業で必要な力となります。問題を多く解くだけでなく、読み聞かせの量を増やしたり、多種多様な生活体験を積んだりすることでも５つの力を鍛えることができますので、意識して取り入れてみるとよいでしょう。また、問題を解き終えたら、お子さま自身に答え合わせをさせ、間違えたところは、保護者の方が再度答えの箇所を読んであげてください。自分で正誤を確認することで、理解度が上がり、能動的に問題に取り組むようになります。ぜひ一度試してみてください。

【おすすめ問題集】

１分５話の読み聞かせお話集①②、お話の記憶　初級編・中級編、
Ｊｒ・ウォッチャー19「お話の記憶」

家庭学習のコツ②　**「家庭学習ガイド」はママの味方！**

問題演習を始める前に、試験の概要をまとめた「家庭学習ガイド（本書カラーページに掲載）」を読みましょう。「家庭学習ガイド」には、応募者数や試験課目の詳細のほか、学習を進める上で重要な情報が掲載されています。それらの情報で入試の傾向をつかみ、学習の方針を立ててから、対策学習を始めてください。

問題15　分野：お話の記憶　※一般入試

〈準備〉　鉛筆

〈問題〉　今から読むお話をよく聞いて、次の質問に答えてください。

ネズミさん、ウシさん、キツネくん、ウマくんは、同じ幼稚園に通っている仲良し４人組です。今日は、みんなでキツネくんのおばあちゃんの畑を手伝いに行きます。キツネくんのおばあちゃんの家から、歩いてすぐのところに畑があり、今日は野菜やくだものを採るお手伝いをするのです。畑はとても大きいので、みんなで手分けして作業をすることにしました。キツネくんのおばあちゃんから、「落として傷をつけないように、丁寧に採ってね」と教えてもらい、ウマくんは「桃を採りに行くよ」と言って、カゴを持って行きました。ウシさんはハサミを持って「わたしはきゅうりを採ってくるね」と言い、畑に向かいました。ネズミさんは「バナナを採ってくるね」と言って、バナナの木の方へ歩いて行きました。キツネくんは、おばあちゃんに「みかんが大きくなっているか、見てきてほしい。」と頼まれたので、みかんの木がたくさん植えてある場所に向かいました。すると、カラスがみかんの木に乗っているのが見えました。キツネくんは急いで長い棒を取ってきて、カラスを追い払おうとしました。しかし、カラスは少しするとまたみかんの木に戻ってきて、みかんの実を食べようとします。キツネくんは走って追いかけ、カラスが乗っている枝を叩きました。ようやくカラスは諦めたようで、逃げていきました。キツネくんがおばあちゃんの家に戻ると、他のみんながすでに帰ってきていました。ウマくんは桃を８つ、ウシさんはきゅうりを７本、ネズミさんはバナナを５本採ってきたので、みんなで分けて食べました。採ったばかりの野菜とくだものはとてもおいしかったです。食べ終わった後、みんなでトマト畑に行きました。キツネくんのおばあちゃんが、「好きなだけ採っていいよ。」と言ってくれました。トマトを採った後、キツネくんのおばあちゃんは、「今日は手伝ってくれてありがとう。また、秋になったら稲刈りのお手伝いをお願いね。」と言われて、４人は約束しました。

（問題15の絵を渡す）

①ウシさんがハサミを使った時に、一番関係のあるものを一番上の段の絵からを選んで、○をつけてください。

②稲は刈った後、どのようになりますか。上から２段目の絵から選んで、○をつけてください。

③ネズミさんが採ってきたバナナは何本ですか。真ん中の段から選んで、○をつけてください。

④キツネくんが長い棒を使った時に、一番関係のあるものを下から２段目の絵から選んで、○をつけてください。

⑤トマトはどのように育ちますか。一番下の段の絵から選んで、○をつけてください。

〈時間〉　各30秒

〈解答〉　①右から２番目（きゅうり）　②左から２番目（ご飯）　③○５つ
④左端（カラス）　⑤左から２番目

［2022年度出題］

学習のポイント

当校のお話の記憶は、数量や常識など、他の分野の複合問題として出題されるのが特徴です。このお話の内容でも、理科の知識が必要になっています。実際に目で見て学ぶのが一番ですが、難しいようであれば、図鑑などの写真でもかまいません。言葉で説明するだけでなく、さまざまな媒体を用いて知識を深めるようにしましょう。また、お話の記憶では、問題を解いている様子を観察し、記憶ができているかの確認をしてください。解答を書く時の線の運び方や解くまでに要した時間は、記憶できているかの結果に表れます。お子さまの様子を観察して、指導する時に役立てるとよいでしょう。

【おすすめ問題集】
1分5話の読み聞かせお話集①②、お話の記憶　初級編・中級編、
Ｊｒ・ウォッチャー19「お話の記憶」

問題16　分野：数量　※第一志望入試

〈準 備〉　鉛筆

〈問 題〉　絵の中で、２番目に多いものはどれですか。その絵の下の四角に○をつけてください。

〈時 間〉　各20秒

〈解 答〉　①真ん中　②左端　③左端　④真ん中　⑤真ん中　⑥左端　⑦右端　⑧真ん中　⑨右端　⑩左端

［2022年度出題］

学習のポイント

例年、出題されている数量の問題です。「２番目に多いもの」を問われていますが、まずこの指示をしっかりと聞き取らなければ問題を解くことができません。指示を正確に聞き取り、記憶することは、他の問題にも通じる大切なことです。集中して聞くようにしましょう。また、正確に数を数えられることもこの問題を解く上で前提になります。後半の問題になると、バラバラに配置されているため、ランダムに数えるとミスをする可能性が高くなるので、数える方向を決めるようにしましょう。別の手段として、数えたものに簡単に印をつけていく方法もあります。ただ、印が雑になってしまったり、イラストに重なったりすると、判別できないことがあります。そのような事態にならないように注意し、印は決まった位置に小さくつけるなど工夫するようにしましょう。

【おすすめ問題集】
Ｊｒ・ウォッチャー14「数える」

問題17　分野：数量　※一般入試

〈準備〉　鉛筆

〈問題〉　（問題17－１を渡す）
２番目に多いものに○をつけてください。
（問題17－２を渡す）
それぞれ、２つの絵を比べたとき、左の絵と右の絵が同じ数だったら一番右の四角の中に△を書いてください。左の方が少ないときは×を、右が少ないときは○を右の四角の中に書いてください。

〈時間〉　各20秒

〈解答〉　①真ん中　②左端　③右端　④真ん中　⑤真ん中　⑥○　⑦○　⑧×　⑨△　⑩△

［2022年度出題］

学習のポイント

第一志望入試で同分野として出題されている問題16よりも、絵の数が増えています。ミスをしないよう、落ち着いて、慎重に数えるようにしましょう。17-2の問題は、２つの絵の数を比較する問題です。どちらか１つの数を数え、その分だけもう１つの絵を指で隠します。その時に、ちょうどすべて隠しきれたら同じ数、すべて隠してもまだ数えた方が余るようなら数えた方が多く、隠しきれなかったら数えた方が少ないということが分かります。このやり方は、時間が余った際の見直しとしても利用することができます。方法の１つとして覚えておくとよいでしょう。また、記号はしっかりと書けているでしょうか。△は頂点が３つあるか、○は書き始めと書き終わりがつながっているかなど、確認をしてください。

【おすすめ問題集】
Ｊｒ・ウォッチャー14「数える」

問題18　分野：常識　※第一志望入試

〈準備〉　鉛筆

〈問題〉　**この問題の絵は縦に使用して下さい。**
関係のあるもの同士を線でつないでください。

〈時間〉　30秒

〈解答〉　下図参照

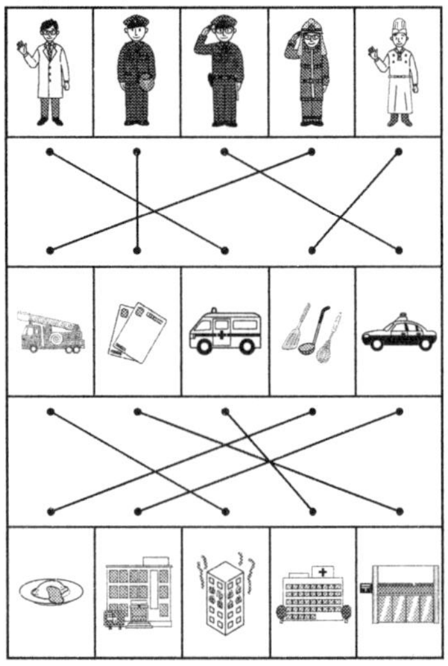

［2022年度出題］

学習のポイント

お子さまは一番上の絵を見て、何の職業かすべて分かったでしょうか。職業が分かったとしても、どのような仕事をしているかが分からなければ、この問題は解くことができません。もしこの中に知らない職業があれば、どのような仕事をしているのか、映像や本で調べたり、見学できるようであれば実際に見に行く機会をつくったりするとよいでしょう。また、線は黒丸と黒丸をしっかりと結べているでしょうか。線が長くなると、綺麗に引くのが難しくなります。問題の対策だけでなく、このような細かなところも確認しておいてください。運筆の練習にもなりますので、長い線を引くことに慣れておきましょう。

【おすすめ問題集】
Ｊｒ・ウォッチャー12「日常生活」

問題19　分野：常識　※一般入試

〈準備〉　鉛筆

〈問題〉　左の四角の中に描いてあるものと関係しているものを、右から探して○をつけてください。

〈時間〉　各20秒

〈解答例〉　①真ん中　②左端　③右端　④右端　⑤左端　⑥左端　⑦右端　⑧左端
⑨右端　⑩左端

［2022年度出題］

学習のポイント

まずは、左の四角の絵と、右の四角の選択肢をそれぞれ確認し、共通する特徴を見つけましょう。先入観を持たずに問題に向き合うことが大切です。このような特徴だろうと予想してしまうと、特徴がなかなか見つからないことがありますので注意してください。また、記号の形も確認してください。きれいな形であれば、正解だと確信して解答していると読み取れますが、不格好だったり、筆圧が弱かったりするようであれば、自信がない可能性があります。そのような問題は、解答が合っていてもしっかりと復習し、知識を定着させるようにしましょう。その際、食材はどのように育つのか、身の回りのものは何からできているのか、どのように使うのかなど、そのものの名前だけではなく、付随する知識まで教えるようにしてください。そうすると、知ることが面白いと思うようになり、好奇心が刺激され、さらに知りたいという欲が芽生え、知識量が増加します。

【おすすめ問題集】
Ｊｒ・ウォッチャー12「日常生活」、27「理科」、55「理科②」

問題20　分野：図形（回転図形）　※第一志望入試

〈準備〉　鉛筆

〈問題〉　左のマスに描いてある形を矢印の数だけ回転させるとどうなりますか。その絵を右から探して○をつけてください。

〈時間〉　各20秒

〈解答〉　①左端　②右端　③左端　④左から２番目　⑤右から２番目　⑥右端　⑦左端　⑧左端　⑨右から２番目　⑩左端

［2022年度出題］

学習のポイント

回転図形の問題です。まず、矢印１つが１回転、矢印２つが２回転を意味し、この問題の絵では右に回転させる、ということを理解できているかを確認しましょう。そして、練習の際は、具体物を使用するのがよいでしょう。手順としては、まず、左の四角の図形と同じような形を作り、四辺を色別に塗ります。１回転させた時に、どの色がどの辺に移動したのか、確認してください。実際に自分の目で確かめることで、位置関係がどのように変わるかが分かり、理解できるようになります。

【おすすめ問題集】
Ｊｒ・ウォッチャー46「回転図形」

問題21　分野：図形（回転図形）　※一般入試

〈準備〉　鉛筆

〈問題〉　左のマスに描いてある形を矢印の数だけ回転させるとどうなりますか。その絵を右から探して○をつけてください。

〈時間〉　各20秒

〈解答〉　①左から２番目　②右端　③左端　④左から２番目　⑤右から２番目
⑥右から２番目　⑦左から２番目　⑧左端　⑨右端　⑩左から２番目

［2022年度出題］

学習のポイント

問題20と同じ回転図形の問題ですが、図形の模様が変わっています。回転図形の問題は、解き終わった後に自分自身で答え合わせをすることをおすすめいたします。その際に、クリアファイルとホワイトボード用のマーカーを用意してください。クリアファイルを左の四角の図形に重ね、上からマーカーでなぞります。矢印の数に応じて回転させ、図形の位置関係の変化を確認してみてください。このように、自分自身で答え合わせをすると、理解度が格段に上がります。実際に自分の手を動かして考えさせるという機会を設けるようにしましょう。

【おすすめ問題集】
Ｊｒ・ウォッチャー46「回転図形」

問題22　分野：推理（迷路）　※第一志望入試

〈準備〉　鉛筆

〈問題〉　あみだくじをします。このとき、★はどの四角に行きますか。★がたどり着く四角に○を書いてください。

〈時間〉　１分30秒

〈解答〉　下図参照

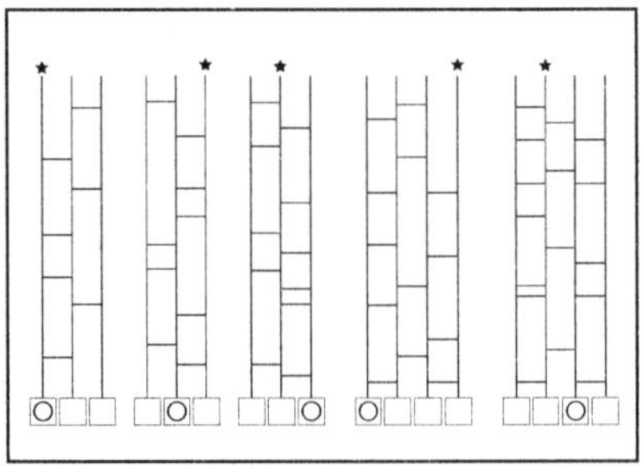

［2022年度出題］

学習のポイント

小学校入試では珍しい、あみだくじの問題です。お子さまはあみだくじを知っているでしょうか。語彙を知らないようであれば、どのようなもので、どのような時に使うのか、保護者の方がしっかりと説明してください。練習では、はじめのうちは、保護者の方があみだくじを作って、お子さまに解かせてください。慣れてきたら、お子さま自身に作問させてみるのもよいでしょう。紙とペンさえあれば作れますので、取り入れてみるとよいでしょう。問題集を使用する際は、推理分野の迷路をおすすめします。思考の方法が類似しているため、練習を積むことで対策になります。楽しんで取り組むことで、苦手意識が芽生えにくくなりますので、ぜひ試してみてください。

【おすすめ問題集】
Ｊｒ・ウォッチャー７「迷路」

問題23　分野：推理（迷路）　※一般入試

〈準備〉　鉛筆

〈問題〉　あみだくじをします。線を一本だけ書き足して、●が★の所に行けるようにしてください。この時、線は点線のところだけ引けます。

〈時間〉　２分30秒

〈解答〉　下図参照（太線部分。２本あるものはどちらでも正解）

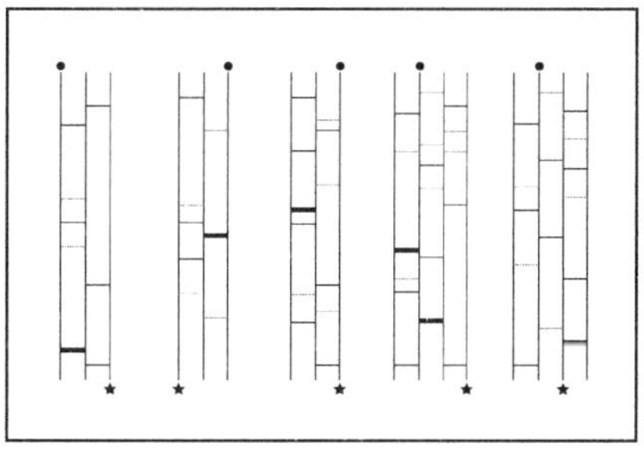

[2022年度出題]

学習のポイント

第一志望入試と同じ、あみだくじの問題です。しかし、線を引いて★にたどり着くようにするという、難易度の高い問題になっています。●から考えていくより、★から上に上がって推理していったほうが解きやすいので、試してみてください。それでもなかなか解けないようであれば、保護者の方も一緒に考えたり、ゴールまでの道のりをなぞったりするなど、ヒントを与えてみましょう。また、当校のペーパーテストの筆記用具は鉛筆になっています。点線の上に線を引くので、筆圧が薄いと判別されない可能性もあります。せっかく答えを導き出すことができても、不鮮明という理由で得点にならないのはもったいないので、濃く書くようにしましょう。この機会を利用して、筆記用具の持ち方を今一度確認することも大切です。もし正しい持ち方ができていないようであれば、今のうちに習得しておきましょう。

【おすすめ問題集】
Ｊｒ・ウォッチャー７「迷路」

問題24　分野：行動観察　※第一志望入試

〈準備〉　なし

〈問題〉　**この問題の絵はありません。**

今から話す通りに身体を動かしましょう。
①両手を横に広げ、左足を後ろにまっすぐ伸ばします。
②そのまま左足を前に持ってきて、膝を曲げます。膝がお腹につくくらいの高さまであげてください。
③右足も同様に行ってください。

〈時間〉　適宜

〈解答〉　省略

[2022年度出題]

学習のポイント

サーキット運動の課題です。動作自体は簡単なものですので、あまり特別な対策は必要ありません。正確に指示を聞き取れているか、積極的に取り組んでいるかが観点となります。また、お友だちが課題に取り組んでいる時、他のお友だちと話したり、キョロキョロしたりしていないか、という点も評価対象です。出来栄えよりも、態度や姿勢などを見直し、できていないようなら早いうちから改善するようにしましょう。また、途中で失敗しても、諦めずに取り組む姿勢も大切です。落ち着いて、ねばり強く最後までやり切りましょう。

【おすすめ問題集】

Ｊｒ・ウォッチャー28「運動」、29「行動観察」

問題25　分野：行動観察　※一般入試

〈準備〉　ビニールテープ
ビニールテープを床に貼る。

〈問題〉　**この問題の絵はありません。**

８人１グループになる。
「だるまさんが転んだ」ゲームをします。線に横１列で並んでください。
先生がオニ役をやります。先生が後ろを向いている間に、好きな動物の真似をして、先生の方へ進んでください。
先生が振り返った時に動いてしまったら、その場で座ってください。
誰かが先生に触ったら、そこで終わりです。

〈時間〉　適宜

〈解答〉　省略

[2022年度出題]

学習のポイント

行動観察はペーパーのあとに行われます。内容も、日頃から遊びとして取り組むものですので、集中力が切れて、大きな声を出したり、お友だちと話したりしたくなるかもしれません。しかし、そのような時に最後まで集中して頑張れるかが観点となっています。指示をしっかりと聞き、一生懸命行いましょう。ただ、ふざけるのはよくないですが、楽しんで取り組むことは大切です。もし、先生が振り返った時に動いてしまっても、大きな問題はありません。指示を聞いている時の姿勢や態度に注意して、積極的に頑張りましょう。

【おすすめ問題集】
Ｊｒ・ウォッチャー29「行動観察」

問題26　分野：保護者面接・志願者面接

〈準 備〉　なし

〈問 題〉　〈保護者へ〉
・園の中でトラブルが起きた時、どのように対処しましたか。
・本校に期待することは何ですか。
・コロナ禍ではどのように過ごしましたか。
・子育てで気をつけていることは何ですか。
・お子さまが言うことを聞かない時、どのようにしますか。
・関心のある社会問題について、簡単に教えてください。

〈志願者へ〉
・お名前を教えてください。
・幼稚園・保育園の名前は何ですか。
・お友だちの名前を教えてください。
・お家でのお約束を教えてください。
・最近、１人でできるようになったことは何ですか。
・好きな遊びは何ですか。

（問題26の絵を見せる）
・この中でいけないことをしている子は誰ですか。それはどうしていけないのですか。

〈時 間〉　保護者・志願者ともに５分程度

〈解 答〉　省略

［2022年度出題］

学習のポイント

保護者面接、志願者面接ともに、例年、基本的なことが聞かれています。学校への理解度が高いことをアピールしようと、学校のことを多く話す方もいらっしゃいますが、面接は知識を述べる場ではありませんので注意してください。回答の内容は短くまとめ、形に囚われすぎず、目を見て話すことを心がけるとよいでしょう。また、途中で詰まってしまっても、減点の対象にはなりません。焦らず、落ち着いて話すようにしましょう。着飾ったことを話そうとするのではなく、今までの子育てや教育方針などを、自信を持って面接官に伝えましょう。

【おすすめ問題集】

新 小学校受験の入試面接Ｑ＆Ａ、入試面接最強マニュアル、面接テスト問題集
Ｊｒ・ウォッチャー56「マナーとルール」

問題27　分野：記憶（お話の記憶）　※一般入試

〈準備〉　鉛筆

〈問題〉　お話がすぐ始まりますから、よく聞いて覚えましょう。

ある天気のいい日曜日、ウサギさんとネコさんとサルくんは、公園に遊びに行くことにしました。待ち合わせに１番乗りをしたサルくんが待っていると、まもなくネコさんとウサギさんもやってきました。
みんなは最初にすべり台で遊びました。それからブランコに乗って遊びました。最初はネコさんとウサギさんがブランコに乗って、サルくんは背の低いウサギさんのブランコを押してあげました。それからウサギさんはサルくんと交代して、今度はウサギさんがサルくんを押してあげました。ブランコが終わると、みんなはとてもお腹が空いてきたことに気が付きました。公園の真ん中に大きな木があって、その下にベンチがあったので、そこでお昼ごはんを食べることにしました。おいしいおにぎりをたくさん食べて、すぐにお腹いっぱいになりました。お昼ごはんの後、サルくんは大きな木に登って、公園の中を見回しました。すると、公園の１番奥に、大きな砂場があるのを見つけました。サルくんは急いで木から降りて、「ねえねえ、砂場でトンネルを作らない？」と、ウサギさんとネコさんに言いました。ウサギさんとネコさんはとてもよろこんで、「わたし、お城が作りたいわ」「わたしは、大きなプールが作ってみたい」と言ったので、みんなスキップで砂場に行きました。楽しく砂遊びをしていると、だんだん夕方になってきました。けれども、夢中で遊んでいた３匹は、空が夕焼け色になってきたことにも気付きません。「ここにいたの。もう夕方よ、帰りましょう」突然声をかけられて、みんなとてもびっくりしました。見上げると、ネコさんのお母さんが、お迎えに来ていました。みんな急いでお片付けをして、手を洗って、ネコさんのお母さんといっしょにお家に帰りました。楽しい１日でした。

（問題27の絵を渡す）
①お話に出てこなかった動物は、次の中のどれですか。○をつけましょう。
②最初に公園に来たのは誰ですか。○をつけましょう。
③みんなが遊んだ公園にはなかったものは、次の中のどれですか。○をつけましょう。
④みんながお昼ごはんに食べたものは、次の中のどれですか。○をつけましょう。

〈時間〉　各30秒

〈解答〉　①右端（ライオン）　②右端（サル）　③右から２番目（ジャングルジム）
④左端（おにぎり）

［2021年度出題］

学習のポイント

当校のお話の記憶の問題は、標準的な長さでやさしい語り口の聞き取りやすいものです。ストーリーはさほど複雑なものではないので、しっかりと聞いていればよく理解できるでしょう。質問されることも、登場人物や場面の中で出てきたものなど、お話を理解して聞いていれば簡単に答えられるものばかりです。注意したいのは、「出てきていない登場する動物」「そこにないもの」を選ばせるという質問の形式です。質問を最初の方だけ聞いて、出てきた動物やものに○をつけないように気を付けましょう。質問の最後までしっかり聞いて、早とちりをせずに落ち着いて答えれば、正解が選べると思います。日頃から、読み聞かせの中で、誰が誰とどこで何をしたか、それでどんな気持ちになったか、といったことを確認する習慣をつけておきましょう。

【おすすめ問題集】

1話5分の読み聞かせお話集①②、お話の記憶 初級編・中級編・上級編、
Ｊｒ・ウォッチャー19「お話の記憶」

問題28　分野：言語（しりとり）　※一般入試

〈準備〉　鉛筆

〈問題〉　問題の絵を見てください。1番長くしりとりをつないだ時につながらない言葉が1つあります。その言葉を表す絵に○をつけましょう。

〈時間〉　各30秒

〈解答〉　①左から2番目（リンゴ）　②右端（カニ）　③左端（たいこ）
④真ん中（キノコ）　⑤左から2番目（くじら）　⑥左端（コアラ）

[2021年度出題]

学習のポイント

しりとりの順番を考えて言葉をつないだうえで、使わなかったものを選ばせる問題です。ポイントは、使わなかった言葉を1つ選ぶことです。2つ使わない言葉がある時は、使わない言葉を探しながら並べ直すスピードが必要になります。使わない言葉が1つだとわかっている場合は、いろいろと言葉を頭の中で並べ替え、組み合わせを試してみることが楽しめればかなり得意になる問題です。名前の言葉の最初と最後の文字でどんな言葉がつながっているか、意外性を楽しみながら練習するとよいでしょう。

【おすすめ問題集】

Ｊｒ・ウォッチャー49「しりとり」

問題29　分野：図形（重ね図形）　※一般入試

〈準備〉　鉛筆

〈問題〉　透き通った紙に直線で絵を描きました。その絵を左側と右側が真ん中にぴったり重なるように３つ折りにします。すると、どんなふうに見えるでしょうか。正しいものを右の絵の中から選んで○をつけましょう。

〈時間〉　各30秒

〈解答〉　①左端　②右から２番目　③左から２番目　④右から２番目　⑤左端
⑥左から２番目　⑦右端　⑧左端　⑨右から２番目　⑩右から２番目

［2021年度出題］

学習のポイント

２つの図形を重ねる問題は、さまざまな学校で出題されている頻出分野ですから、そこまではお子さまも慣れているのではないでしょうか。けれども、今回は観音開きを閉じるような３つ折りの問題です。つまり、１枚の紙を３等分した真ん中の部分に、左側と右側を裏返しにして重ねるのです。どこが境目の折り線なのか、よく見極めて図を頭の中で動かしてみましょう。毎年の例にもれず、やさしい問題から徐々に難しい問題になるように並べてあります。すぐには解けないものがあっても、くじけずによく考えて挑戦してみてください。どうしてもだめな場合は、紙に書き写して３つ折りにしてみましょう。思いがけない図形になった時は、なぜそうなるのかをよく見て、図形がどのように移動しているのか、よく考えてみてください。

【おすすめ問題集】
Ｊｒ・ウォッチャー35「重ね図形」

問題30　分野：推理（シーソー）　※一般入試

〈準備〉　鉛筆

〈問題〉　ウマ１頭は、イヌ２匹と同じ重さです。イヌ１匹は、ネズミ３匹と同じ重さです。下の段の左側に描いてある動物たちと同じ重さになる組み合わせを、右側の絵から選んで○をつけましょう。

〈時間〉　各30秒

〈解答〉　①右端　②右端　③左から2番目　④左端　⑤右端　⑥右端

［2021年度出題］

学習のポイント

置き換えて考える問題です。約束を示すシーソーの絵から、どの動物がどの動物に変換されるのか、種類だけでなく数の釣り合いも考えながら、質問に答えていきましょう。特に注意したいのは、ウマとネズミのように、直接約束が示されていない組み合わせです。ウマ１頭がイヌ２匹と置き換えられることと、イヌ１匹がネズミ３匹と置き換えられることから、ウマ１頭はネズミ６匹と置き換えられることがわかります。このように、段階を踏んで置き換えの約束を考え、きちんと数えていけば、確実に正解できます。練習を繰り返して、解き慣れておけば確実に正解できますので、根気よく取り組みましょう。

【おすすめ問題集】

Ｊｒ．ウォッチャー33「シーソー」

問題31　分野：数量（ひき算）　※一般入試

〈準備〉　鉛筆

〈問題〉　左の絵は、動物とその動物の好きなものです。どちらか足りない方を選んで、足りない数だけ右の絵の四角に○を書きましょう。

〈時間〉　各30秒

〈解答〉　①骨に○：３　②魚に○：７　③バナナに○：２　④ドングリに○：４
⑤肉に○：２　⑥ニンジンに○：６　⑦ユーカリに○：６　⑧リンゴに○：７
⑨ニンジンに○：３　⑩チーズに○：８

［2021年度出題］

学習のポイント

ひき算の問題です。それぞれの数を数えてひき算するのももちろんよいやり方ですが、それが難しくても、動物に好物を公平にあげるにはどうしたらよいか、１対１対応で印をつけて数えてみると、どちらがいくつ足りないのかがすぐにわかります。当校の問題の特徴は、10に近い数を数えさせていることです。この問題もやさしいものから少しずつ難しくなるように並べられていますから、１番最後の問題が１番難しいのですが、この問題は繰り下がりのひき算です。暗算でできるようにしておく必要はありませんが、ネズミとチーズを結びつけて数えていく作業をスムーズに手早くできるように、よく練習しておきましょう。

【おすすめ問題集】

Ｊｒ・ウォッチャー38「たし算・ひき算１」、39「たし算・ひき算２」

問題32　分野：行動観察

〈準備〉　テープ
床に貼る。

〈問題〉　この問題の絵はありません。
【課題1】集団行動（10人のグループに分かれる）
先生がお手本を見せるので、それをよく見て振りつけを覚えてください。その後で、曲に合わせて踊ります。

【課題2】グループ活動
先生が鬼になって、「ダルマさんがころんだ」をします。鬼に捕まった子どもが10人になったら、10人で手をつないだまま走ってテープに向かってゴールします。ゴールできない時も反応を見ます。

〈時間〉　適宜

〈解答〉　省略

［2021年度出題］

学習のポイント

第一志望入試と一般入試では内容が違いますが、5～10人程度のグループで2種類の課題を行う点は同じです。集団行動においては、自分だけ課題ができていればよいというものではありません。行動観察は、入学後の集団生活を意識した出題だからです。ですから、みんなといっしょに課題に取り組むことが、合格には必要だと言えるでしょう。大切なことは、うまく行かなかった時にもどうするか、反応を見ているということです。ショックを引きずらず、あきらめずに粘り強く取り組む姿勢を見せることが大切です。そのためには、日頃からお子さまが失敗した時にも、前向きに捉えられる声がけを意識して行うことです。

【おすすめ問題集】
新運動テスト問題集、Ｊｒ・ウォッチャー28「運動」

問題33　分野：行動観察（集団ゲーム）

〈準　備〉　《第一志望》なし
《一般》傘、傘立て

〈問　題〉　【保護者の方へ】
・最近、お子さまが１人でできるようになったことは何ですか。
・お子さまの名前は、どのような思いでつけましたか。
・お子さまは、ご家庭でどのようなお手伝いをしていますか。
・本校を志望した理由をお答えください。
・社会人として大切なことは、何だとお考えですか。

【志願者へ】
・最近、１人でできるようになったことは何ですか。
・この学校の名前を答えてください。
・お友だちと遊びに行く時、お家の人に何と言いますか。
《第一志望》
（問題33の絵を見せる）
絵を見てください。この男の子は悪いことをしています。何が悪いのか教えてください。その後、どうして悪いのか説明してください。
《一般》
（あらかじめ用意した傘を、広げた状態で志願者に渡す）
この傘を傘立てにたたんで入れてください。

〈時　間〉　保護者、志願者ともに５分程度

〈解　答〉　省略

［2021年度出題］

学習のポイント

面接は行動観察の後に行われました。保護者の方と志願者が、別々の部屋に入り、質問に答える形式でした。志願者のみ、作業の課題があり、絵を見て質問に答えたり、渡された道具を使ったりする、口頭試問形式の問題がありました。質問の内容は、保護者、志願者ともに、考え方に関するものが多かったようです。保護者の方への質問は、お子さまをよく観ているか、お子さまに将来どんな子に育ってもらいたいか、といった点に注目しています。お子さまの成長をしっかりと見守り、入学後に小学校の方針に協力してくれるかどうかを確かめているようです。志願者への質問は、１人でできることをやろうとする自立心や、遊びに行く前に一言かける、お子さまの人間性を観ているようです。
第一志望入試では、作業の課題においてマナーの問題が出題されます。ここ数年は、口頭試問形式による出題です。悪いことを指摘するだけでなく、なぜその行動が悪いのか、お子さまの考えも説明しなくてはいけません。マナーを教える時は、単に良し悪しを決めつけるだけでなく、なぜその行動が悪いのか、理由も含めて教えるようにしてください。一般入試の作業も、マナーに関する出題です。多くの人が傘を傘立てに入れられるように、傘をきれいにたたんで入れる習慣を身に付けておきましょう。畳む前に水を切る時も、ほかの人に水がかからないようにできるとよいでしょう。

【おすすめ問題集】
新 小学校受験の入試面接Ｑ＆Ａ、面接テスト問題集、入試面接最強マニュアル
Ｊｒ・ウォッチャー56「マナーとルール」

問題34　分野：記憶（お話の記憶）　※第一志望入試

〈準備〉　鉛筆

〈問題〉　お話がすぐ始まりますから、よく聞いて覚えましょう。

たろうくんは、お父さんとお母さん、そして妹のあいちゃんとバスに乗ってお出かけをしました。お昼ごはんは、レストランで食べました。たろうくんとあいちゃんはスパゲッティ、お父さんはハンバーグ、お母さんはオムライスを食べました。その後、みんなで映画を観ました。そして、帰りにデパートで買いものをしました。たろうくんとあいちゃんは、新しいスニーカーを買ってもらいました。たろうくんは黒で、あいちゃんは青にしました。とても気に入ったので、今すぐ履いて帰りたかったけれど、雨が降っていたので我慢することにしました。お父さんは新しいネクタイを買いました。お母さんは素敵なお洋服を買いました。たくさん買いものをして荷物が多くなったので、タクシーで帰ることにしました。夕飯はデパートで買ってきた材料を使って、みんなでカレーとサラダを作って食べました。たろうくんは包丁でジャガイモとニンジンとタマネギを切りました。野菜はコロコロと転がるので、むずかしかったけれど、お父さんに教えてもらって最後には上手にできました。あいちゃんはレタスやトマトを水で洗うお手伝いをしました。自分たちで作ったカレーとサラダはとってもおいしかったです。

（問題34の絵を渡す）
①みんなは何に乗ってでかけましたか。１つ○をつけましょう。
②いっしょにお出かけに行かなかったのは誰ですか。１つ○をつけましょう。
③たろうくんとあいちゃんは何を買ってもらいましたか。１つ○をつけましょう。
④帰りは何に乗って帰りましたか。１つ○をつけましょう。
⑤夕飯は何を食べましたか。２つ○をつけましょう。

〈時間〉　各30秒

〈解答〉　①左端（バス）　②左から２番目（おじいさん）
③左から２番目（スニーカー）　④左から２番目（タクシー）
⑤左端（カレー）

［2020年度出題］

学習のポイント

第一志望入試はほかの試験より基礎的な問題が出題されるようです。当校のお話の記憶は、もともとお話が短く、しかも「お話に登場したものを選びなさい」といった基本的な設問ばかりの問題ですが、第一志望入試では、さらにわかりやすい話の展開、設問で出題されているということになります。そうすると、この問題で評価できるのは、記憶力や集中力といったものではなく、年齢相応の語彙と理解力といったところでしょう。ある程度の練習は必要でしょうが、特別な工夫や努力が必要なものではありません。保護者の方も「ふつうに理解できていればよい」程度の見方で、お子さまの答えと答える過程をチェックしてください。もちろん、勘違いや記憶の混乱が原因の誤答をしないように、情報を整理して覚える、場面を思い浮かべるなどの訓練は必要ですが、神経質になることはありません。

【おすすめ問題集】
1話5分の読み聞かせお話集①・②、お話の記憶問題集 初級編・中級編、
Ｊｒ・ウォッチャー19「お話の記憶」

問題35　分野：数量（置き換え）　※第一志望入試

〈準 備〉　鉛筆

〈問 題〉　１番上の段を見てください。野菜やお菓子がコイン何枚で買えるかが描かれています。それぞれの段の左の四角に描かれているものを買う時、コインは何枚必要でしょうか。右の四角にその数だけ○を書いてください。

〈時 間〉　各30秒

〈解 答〉　下図参照

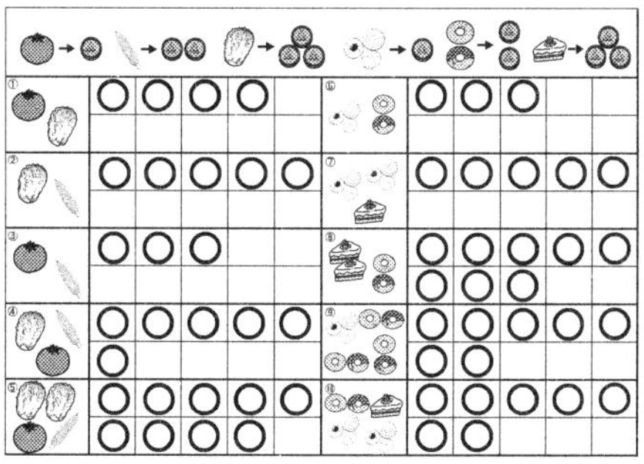

［2020年度出題］

学習のポイント

「何かを買う」ということは「お金とものを置き換える」とも言い換えられるので、この問題は置き換えの問題としています。小学校受験ではかけ算や割り算は使えないので、ものをコインに１つひとつずつ置き換えるという形で答えていきます。ポイントは混乱しないことです。ややこしいと感じるなら、答えを書く前にイラストに印をつけるなどの工夫をしてもよいでしょう（解答記号と間違えられるといけないので、「○」は使わない方がよいですが）。例えば、クッキーとドーナツ描いてあるマスには「✓」を５つ書くわけです。試験までには、絵を見てコインの数がイメージできるようになっておいた方がよいとは思いますが、はじめて見る問題であればそういった解き方で充分です。確実に答えていきましょう。

【おすすめ問題集】
Ｊｒ・ウォッチャー14「数える」、57「置き換え」

家庭学習のコツ③　効果的な学習方法～問題集を通読する

過去問題集を始めるにあたり、いきなり問題に取り組んではいませんか？　それでは本書を有効活用しているとは言えません。まず、保護者の方が、すべてを一通り読み、当校の傾向、ポイント、問題のアドバイスを頭に入れてください。そうすることにより、保護者の方の指導力がアップします。また、日常生活のさまざまなことから、保護者の方自身が「作問」することができるようになっていきます。

問題36　分野：常識（季節）　※第一志望入試

〈準備〉　鉛筆

〈問題〉　１番上の段を見てください。絵の下にある記号は絵の季節を表しています。
同じようにそれぞれの絵の下の四角に季節を表す記号を書いてください。

〈時間〉　１分

〈解答例〉　下図参照

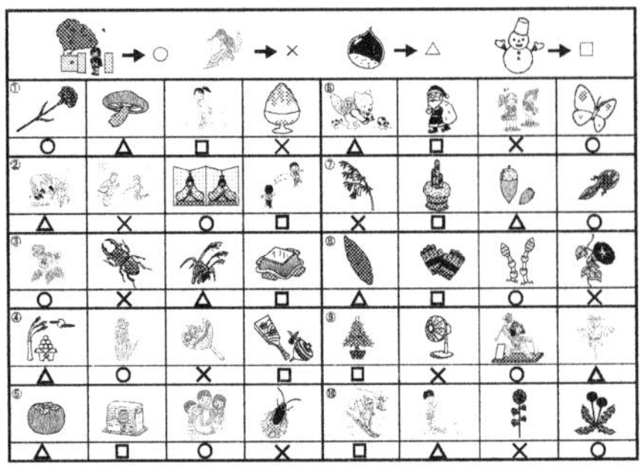

※季節が特定しにくいものについては編集部判断の解答です。

［2020年度出題］

学習のポイント

「春は○、夏は×、秋は△、冬は□で答える」という解答方法の説明が事前に行われます。当校入試ではこうした説明があるので、問題文は集中して聞いておきましょう。常識問題でお子さまが戸惑うとすれば、最近ではさまざまな理由で行わなくなった行事や使わなくなった生活用品、環境の変化によって目にしなくなった自然、季節感のなくなった野菜や花といった知識が出題された時です。この問題でもいくつかそういったものが出題されています。お子さまが知らないものは家庭によって違うので、教えるべき知識も当然違うでしょう。躾と同じでお子さまや家庭環境にあわせた指導が必要になるので、保護者の方はお子さまの興味や性格も考えた上で知識を学ばせるようにしてください。

【おすすめ問題集】
Ｊｒ・ウオッチャー11「いろいろな仲間」、12「日常生活」、34「季節」

問題37　分野：図形（重ね図形）　※第一志望入試

〈準備〉　鉛筆

〈問題〉　左の２枚のお手本の絵は透き通った紙に書いてあります。左側のお手本をそのまままずらして右側のお手本の上に重ねるとどんな絵になりますか。右の四角から探して正しいものに○をつけてください。

〈時間〉　各30秒

〈解答〉　下図参照

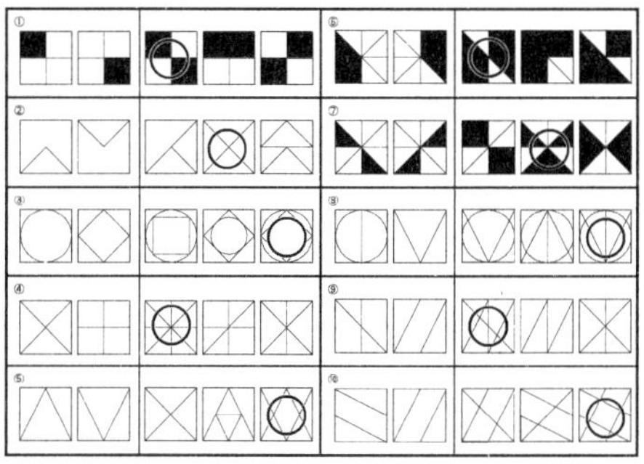

※試験日によって①と②のどちらかが行われる。（月齢を考慮した試験形式と考えられる）

［2020年度出題］

学習のポイント

重ね図形の問題です。さまざまな形が出題されていますが、単純に形を重ねるだけなので難しい問題ではありません。基本的な考え方は右側の形を左側の形に重ねると、1．どの線（形）が増えるのか、2．どの線（形）が重なるのかと考えていきます。この時、ピッタリと重なる線（図形）があるかどうかに注意してください。間違えるとすれば、このポイントです。また、イメージの中で図形全体を一度で重ねられないようであれば、図形を分割してから重ねてみてください。①のようにマス目で区切られている図形なら左上、左下、右下、右上と円を描くように重なった図形をイメージしていくのです。「選択肢の中から正解を選ぶ」という問題の場合、間違いがあれば次の選択肢に移るということができるので時間の節約にもつながるでしょう。

【おすすめ問題集】
　Ｊｒ・ウォッチャー35「重ね図形」

問題38　分野：数量（座標の移動）　※第一志望入試

〈準備〉　鉛筆

〈問題〉　**この問題の絵は縦に使用してください。**
階段でクマさんとウサギさんがジャンケンをします。ジャンケンをして勝った方は２段あがり、負けた方はそのままの段にいます。あいこなら２人とも１段あがります。
（問題38の絵を渡して）
①クマさんとウサギさんがこの絵の位置でジャンケンをしてクマさんが勝ちました。クマさんのいるところに○をつけましょう。
②クマさんとウサギさんがこの絵の位置でジャンケンをして、ジャンケンはあいこでした。ウサギさんのいるところに△をつけましょう。
③クマさんとウサギさんがこの絵の位置で２回ジャンケンをして、ウサギさんが２回勝ちました。ウサギさんのいるところに△をつけましょう。
④クマさんとウサギさんがこの絵の位置で２回ジャンケンをして、１回目はウサギさんが勝ち、２回目はあいこでした。クマさんのいるところには○、ウサギさんのいるところには△をつけましょう。
⑤クマさんとウサギさんがこの絵の位置で３回ジャンケンをして、１回目と2回目はクマさんの勝ち、３回目はウサギさんが勝ちました。ジャンケンが終わった時、２人がいるのはどこですか。クマさんのいるところには○を、ウサギさんのいるところには△をつけましょう。

〈時間〉　各15秒

〈解答〉　下図参照

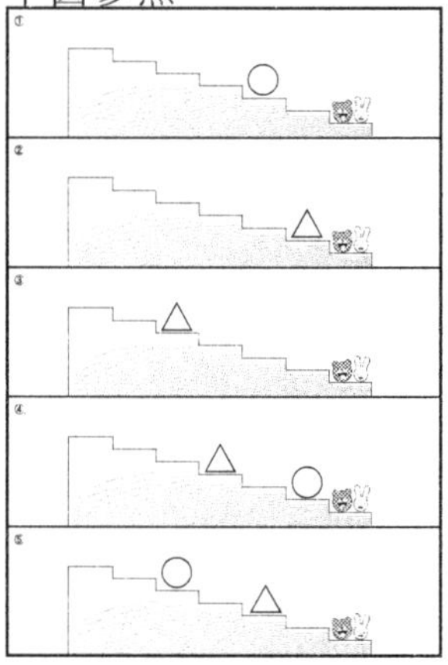

［2020年度出題］

学習のポイント

数量分野、座標の移動の問題です。ジャンケンをしてどちらがいくつ動くという共通の設定があり、①～⑤までジャンケンの回数や結果の状況によって答えが変わってきます。当たり前の話ですが、共通の設定をよく把握してからそれぞれの問題を考えるようにしましょう。設定が単純なせいか、見本あるいは設定を表した絵がないので、聞き流してしまうと取り返しがつきません。移動自体はせいぜい一方向２回の移動ですから、混乱することはないはずです。また、ここでもクマは○、ウサギは△と答えの記号が置き換えられています。位置は正解でも記号が違っていると減点されるので、答え方を含めて問題文は最後まで聞いておくようにしましょう。当校の入試では「答え方」も評価の対象なのです。

【おすすめ問題集】
Ｊｒ・ウォッチャー31「推理思考」、32「ブラックボックス」、47「座標の移動」

問題39　分野：記憶（お話の記憶）　※一般入試1回目

〈準 備〉　鉛筆

〈問 題〉　お話がすぐ始まりますから、よく聞いて覚えましょう。

今日は日曜日です。ひろしくんはお父さんと動物園に行くので、朝からワクワクしています。台所に行くと、お母さんが水筒を用意してくれていました。中身は、ひろしくんが大好きな冷たい麦茶です。ひろしくんの住む町から、動物園へは電車に乗って２駅です。ひろしくんとお父さんは電車に乗って動物園へ向かいました。動物園に着くと、ちょうどエサやりの時間だったので最初にライオンを見に行きました。ライオンはおいしそうにお肉を食べていました。ひろしくんは立派なたてがみがかっこいいと思いました。次に、コアラを見に行きました。コアラは、木の上ですやすやと寝ていました。ひろしくんはコアラが起きているところを見たかったので何度も「コアラさん！」と呼びましたが、起きませんでした。お父さんに「どうしてお昼なのにコアラはずっと寝ているの？」と聞くと、「コアラはたくさん寝る動物なんだよ。１日のうちほとんど寝ているんだ」と教えてくれました。すると、雨が降ってきたので、レストランで雨宿りをして、お昼ごはんを食べることにしました。レストランでは、ひろしくんはカレーライス、お父さんはスパゲッティを食べました。食べ終わる頃には雨がやんだので、首の長いキリン、鼻の長いゾウ、シマウマを見に行きました。お父さんが「キリンとゾウとシマウマは１日のうちほとんど寝ないんだよ」と教えてくれました。動物によって寝る時間の長さが違うんだ、とひろしくんは驚きました。最後におみやげ屋さんに寄ってお母さんにおみやげを買うことにしました。ひろしくんはとても迷ったけれど、かわいらしいコアラのキーホルダーに決めました。

（問題39の絵を渡す）
①ひろしくんは誰と動物園に行きましたか。１つ○をつけましょう。
②何に乗って出かけましたか。１つ○をつけましょう。
③たくさん寝る動物はどれですか。１つ○をつけましょう。
④ひろしくんとお父さんがお昼ごはんに食べたものはどれですか。２つ○をつけましょう。
⑤ひろしくんが見なかった動物はどれですか。２つ○をつけましょう。

〈時 間〉　各30秒

〈解 答〉　①左端（お父さん）　②左から２番目（電車）　③右から２番目（コアラ）
④左端、左から２番目（カレー・スパゲッティ）
⑤左端、右端（パンダ、サル）

［2020年度出題］

学習のポイント

第一志望入試よりは長文ですが、小学校入試では標準的な内容です。難関校を目指しているお子さまなら、スムーズに答えられて当然でしょう。ただし、お話の細部まで記憶しておかないと④⑤など「２つ答えのある質問」には対応できないので、出題されそうなポイントは押さえながらお話を聞いておく必要はあります。登場人物は２人、しかも親子なので自然と「誰が何を言い、行ったか」は自然と覚えられますが、動物や食べものはそれなりの数で登場しますから、イメージしながらお話を聞いておくべきです。「コアラを見るひろしくん」「レストランでお昼ごはんを食べる２人」といった場面をイメージします。イメージすることによって情報が整理され覚えやすくなり、細部もカバーできるのです。問題文は「２つ○をつけましょう」と答えの数まで親切に教えてくれています。問題文の理解も当校入試では大きなポイントの１つですから、最後まで聞いてから答えるという姿勢は崩してはいけません。なお、一般入試の２回目の「お話の記憶」はこの問題より少しやさしい問題が出題されたようです。

【おすすめ問題集】

1話5分の読み聞かせお話集①・②、お話の記憶 中級編・上級編

Ｊｒ・ウォッチャー19「お話の記憶」

問題40　分野：数量（数の構成）　※一般入試１回目

〈準 備〉　鉛筆

〈問 題〉　左端の絵に描かれているものの数にするには、右のどの絵とどの絵を組合わせるとよいですか。○をつけましょう。

〈時 間〉　各30秒

〈解 答〉　下図参照

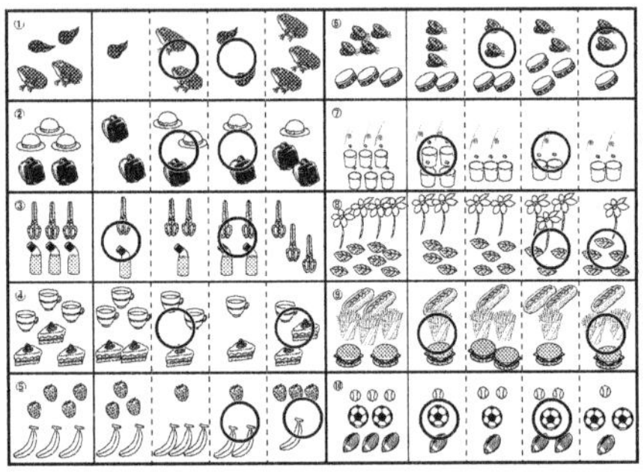

[2020年度出題]

学習のポイント

最近の入試で出題の多い「数の構成」の問題です。数に関する基本的な認識があるかどうかを確かめるという意味で出題されます。数に対する基本的な認識というのは、10くらいまでのものなら指折り数えなくてもいくつあるかがわかったり、どちらが多い・少ないがわかる、ということです。ここではその応用で「たして～になる数の組み合わせ」を聞いています。ここでは構成するものの数が大きくない（最大で８個）代わりに、２～３種類のものの合計数を同時に考える必要があり、そこが問題のポイントになっています。例えば③なら、ハサミは合計３本になり、同時にのりが３個になる組み合わせを選ぶのですが、その時ハサミが３本になっているだけでは不正解、という認識がないと答えを出すのに時間がかかって仕方ありません。これを避けるには同時に条件を満たすカードを探すよりも、ハサミの条件を満たすカードの組み合わせをまず見つけ、その中でのりの条件を満たしている組み合わせを選ぶと考えましょう。少しは早く答えられるはずです。

【おすすめ問題集】

Ｊｒ・ウォッチャー14「数える」、41「数の構成」

問題41　分野：常識（季節）　※一般入試１回目

〈準備〉　鉛筆

〈問題〉　１番上の段と同じようにそれぞれの絵の下の四角に記号を書いてください。

〈時間〉　１分

〈解答例〉　下図参照

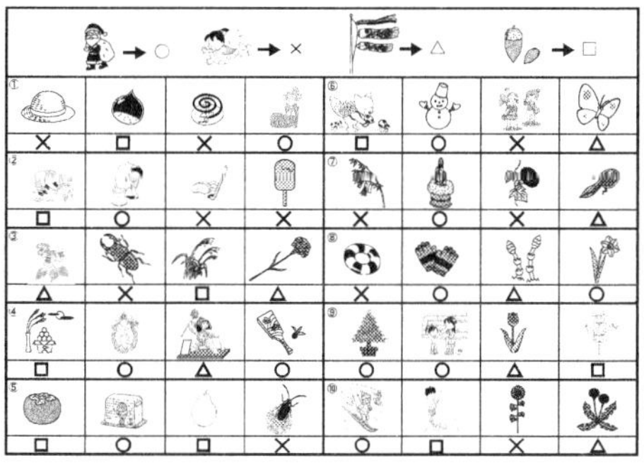

※季節が特定しにくいものについては編集部判断の解答です。

[2020年度出題]

学習のポイント

第一希望入試でも同じ趣旨の問題が出題されています。違いは、「春は○、夏は×、秋は△、冬は口で答える」という解答方法をあえて説明しないことです。ここでは説明を省き、お子さまが置き換えを理解できるかどうかをチェックしているのです。つまり、「～ということではないか」と推測しなくては答えられないということになりますから、見た目よりも難しい問題と言えるでしょう。出題内容自体は第一志望入試と変わりはありませんが、やはりお子さまに馴染みがなさそうなものも描かれています。蚊取り線香、田植え（稲刈り）、石油ストーブ、金太郎の置物といったあたりは、現在の生活環境ではあまり見かけないものでしょう。出題されるものは仕方がないので、保護者の方は、少なくとも当校の入試で出題されたものは解説しておいてください。実物がなければ映像でもかまいません。少しは記憶に残りやすくなります。

【おすすめ問題集】

Ｊｒ・ウオッチャー11「いろいろな仲間」、12「日常生活」、34「季節」

問題42　分野：図形（重ね図形）　※一般入試１回目

〈準　備〉　鉛筆

〈問　題〉　左の２枚のお手本の絵は透き通った紙に書いてあります。左側のお手本をそのままずらして右側のお手本の上に重ねるとどんな絵になりますか。右の四角から探して正しいものに○をつけてください。

〈時　間〉　各30秒

〈解　答〉　下図参照

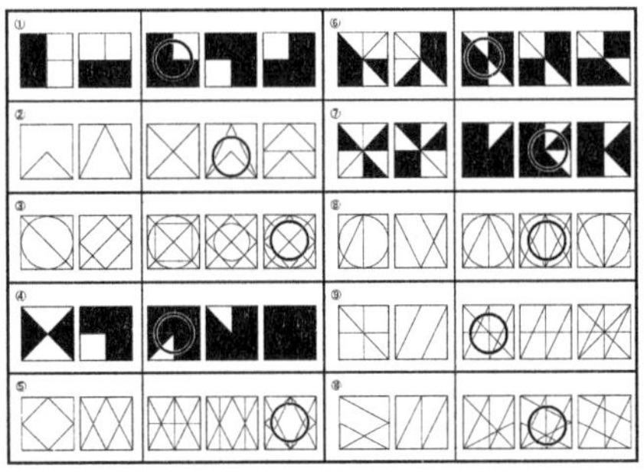

［2020年度出題］

学習のポイント

第一希望入試と同じ、重ね図形の問題が一般入試１日目でも出題されています。図形が複雑になっている以外に内容に違いはないので、基本的な解き方も同じになります。つまり、右側の形を左側の形に重ねると、１.どの線（形）が増えるのか、２.どの線（形）が重なるのかを考えるということになります。１つひとつ考えていっても構わないのですが、こうした問題にお子さまが慣れているなら、上級者の方法を試してみましょう。重ねた図形の特徴を把握し、その特徴だけで選択肢を取捨選択するという方法です。例えば①なら、重ねた図形の黒の部分がＬ字型になることがすぐにわかりますから、Ｌ字型の黒い図形がある選択肢が正解だという判断ができます。この方法を使えばほとんど時間を掛けずに答えられるのですが、類題をこなした上ではじめてできることです。無理に行うことはありません。

【おすすめ問題集】
　Ｊｒ・ウォッチャー35「重ね図形」

問題43　分野：推理（ブラックボックス）　※一般入試１回目

〈準備〉　鉛筆

〈問題〉　左側を見てください。鏡の描かれた箱と時計の描かれた箱があります。鏡の描かれた箱を通ると右と左が反対に、時計の描かれた箱を通ると上と下が反対になります。箱を通るとどうなるでしょうか。右側の絵から正しいものを選んで○をつけてください。

〈時間〉　各20秒

〈解答〉　下図参照

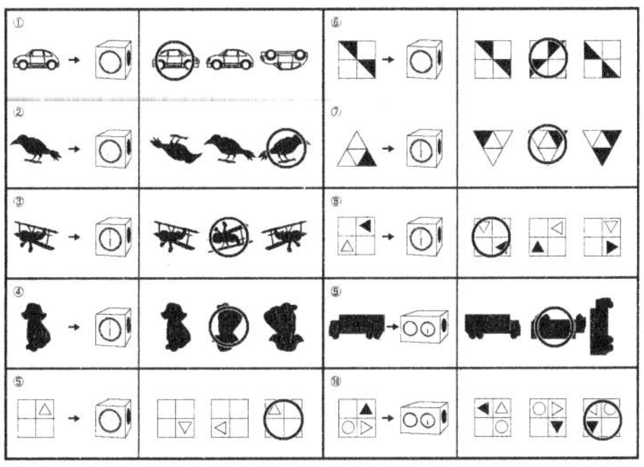

［2020年度出題］

学習のポイント

ブラックボックスの問題です。よく見かけるのはトンネルを通るたびに通ったものの数が増減するという問題ですが、ここでは図形が左右・上下で反転するとという形になっています。解き方としては、まず、「箱を通ると…」という２つのルールをしっかり把握しましょう。ルールが頭に入れば後は元の形が反転するとどのようになるかを考えるだけになり、単なる図形問題を解くのと同じになります。三角形の上下反転や箱を２回通るなどやや複雑な問題も出題されていますが、順を追って考えれば正解できるはずです。なお、当校入試のほかの問題と同じく、「見本」といった形でルールが絵に描かれていないので問題文をよく聞いていないとリカバリーがができません。なお、一般入試の２回目でも同様の問題が出題されています。図形が少し単純になっていますが、ほとんど同じと言ってよい問題です。

【おすすめ問題集】

Ｊｒ・ウォッチャー31「推理思考」、32「ブラックボックス」

問題44　分野：行動観察

〈準 備〉　《第一志望》パズル（１ピース30cm×30cm、すべて四角形、10ピース程度）
《一般１回目》模造紙（１ｍ×１ｍ）、クレヨン
《一般２回目》ハガキ（60枚、切手の貼ってあるものを30枚）、平均台、フラフープ

〈問 題〉　この問題の絵はありません。

この問題の①グループ活動は５人程度、②集団行動は30～40名で行います。

《第一志望》
①グループ活動
周りのお友だちと協力して、パズルを完成させてください。
②集団行動
「パプリカ」の曲に合わせてダンスをしてください。

《一般１回目》
①グループ活動
周りのお友だちと協力して、「海の中」の絵を描いてください。
②ここはジャングルです。先生の真似をして動物のポーズをしてください。
（ゾウ・チョウチョ・ウサギなどのポーズを見本としてみせる）

《一般２回目》
①グループ活動
周りのお友だちと協力して、ハガキを切手の貼ってあるものと貼ってないものに分けてください。
②集団行動
（平均台やフラフープをサーキットのように、配置する）これからサーキットをします。平均台を渡ったら、フラフープでケンケンパをしてください。

〈時 間〉　第一志望・一般ともに20～30分程度

〈解 答〉　省略

［2020年度出題］

学習のポイント

ここで言う「グループ行動」は行動観察的なものと考えてください。主な観点は協調性です。積極的に意見を言ってグループを引っ張ってもよいですし、人の意見をよく聞いて自分の役割を果たすでもかまいません。集団行動を行う上で必要なコミュニケーションをとって行動すれば、悪い評価は受けないでしょう。ふだん通りに行動すればよいのです。「集団行動」は準備体操のようなものですから、指示を守って体を動かしていれば特に問題になることはないはずです。年齢相応の動きができ、健康であるということを示してください。ペーパーテスト以外の課題は正解がわかりづらいので、保護者の方はどうしてもお子さまの行動を心配されると思いますが、「～のようにしなさい」と台本を作ってもお子さまがその通りに行動するわけがありません。ふだんの行動を観察し、的確なアドバイスをして、試験の時にも正しい行動が取れるように準備しておく、ということが唯一の対策になるでしょう。

【おすすめ問題集】

Ｊｒ・ウォッチャー29「行動観察」

問題45　分野：面接・巧緻性

〈準備〉　《第一志望》スモック、ハンガー
《一般１回目》手紙、手紙入れ、トレー（適宜）
《一般２回目》ビーズ（大きめ、10個、色違い）、ひも（30cm程度）

〈問題〉　【保護者へ】
・ご自分のお子さまと似ているところは何ですか。
・お子さまの名前は、どのような思いでつけましたか。
・お子さまは、ご家庭でどのようなお手伝いをしていますか。
・本校を志望した理由をお答えください。
・学生時代に打ち込んだことは何ですか。

【志願者へ】
・最近、うれしかったことは何ですか。
・この学校の名前を答えてください。
・お友だちと遊びに行く時、お家の人に何と言いますか。
・お家でどんなお手伝いをしていますか。
・（問題45の絵を見せる）絵を見てください。この男の子は悪いことをしています。何が悪いのか教えてください。そのあと、どうして悪いのか説明して　ください。

《第一志望》
スモックをハンガーから外し、机の上でたたむ。

《一般１回目》
机の中から箱型のお手紙入れを取り出し、その中の手紙やノートをトレーに仕分ける。

《一般２回目》
（口頭で指示をして）４色10個のビーズにひもを通す。
※口頭での指示で作業ができなかった場合は見本の絵を見せる。

〈時間〉　保護者、志願者ともに５分程度

〈解答〉　省略

［2020年度出題］

学習のポイント

保護者面接と志願者面接は別々に行われます。保護者の方へは志望動機などのスタンダードな質問のほか、志願者と共通の質問（今回は「どんなお手伝いをしているか」）もあります。親子の会話が行われているかをチェックしようということでしょう。志願者は面接の後、個別テストに臨みます。服をたたむ、文房具を整理する、ビーズにひもを通すといった巧緻性（器用さ）を観点としたものです。作業のスピードや出来を評価しようというものではないので、年齢相応の器用さがあれば特別に対策をしなくてもよいでしょう。課題（作業内容）は毎年変わるのでピンポイントの対策もできません。お子さまに器用さがないと感じているなら、当校では出題されませんが、小学校入試の制作の課題を行ってみてください。文房具の使い方を学ぶうちに、ある程度の作業ができるようになり、器用さも人並みにのものになってきます。なお、絵を見て、マナーについて答える問題は第一志望入試では「公園」　一般第１回では「図書館」、一般第２回では「レストラン」の絵が使用されました。ここでは図書館の絵を掲載しています。

【おすすめ問題集】
新 小学校受験の入試面接Ｑ＆Ａ、入試面接最強マニュアル、面接テスト問題集、
Ｊｒ・ウォッチャー25「生活巧緻性」

問題 1

①

②

③

④

⑤

問題2

①

②

③

④

⑤

問題 3－1

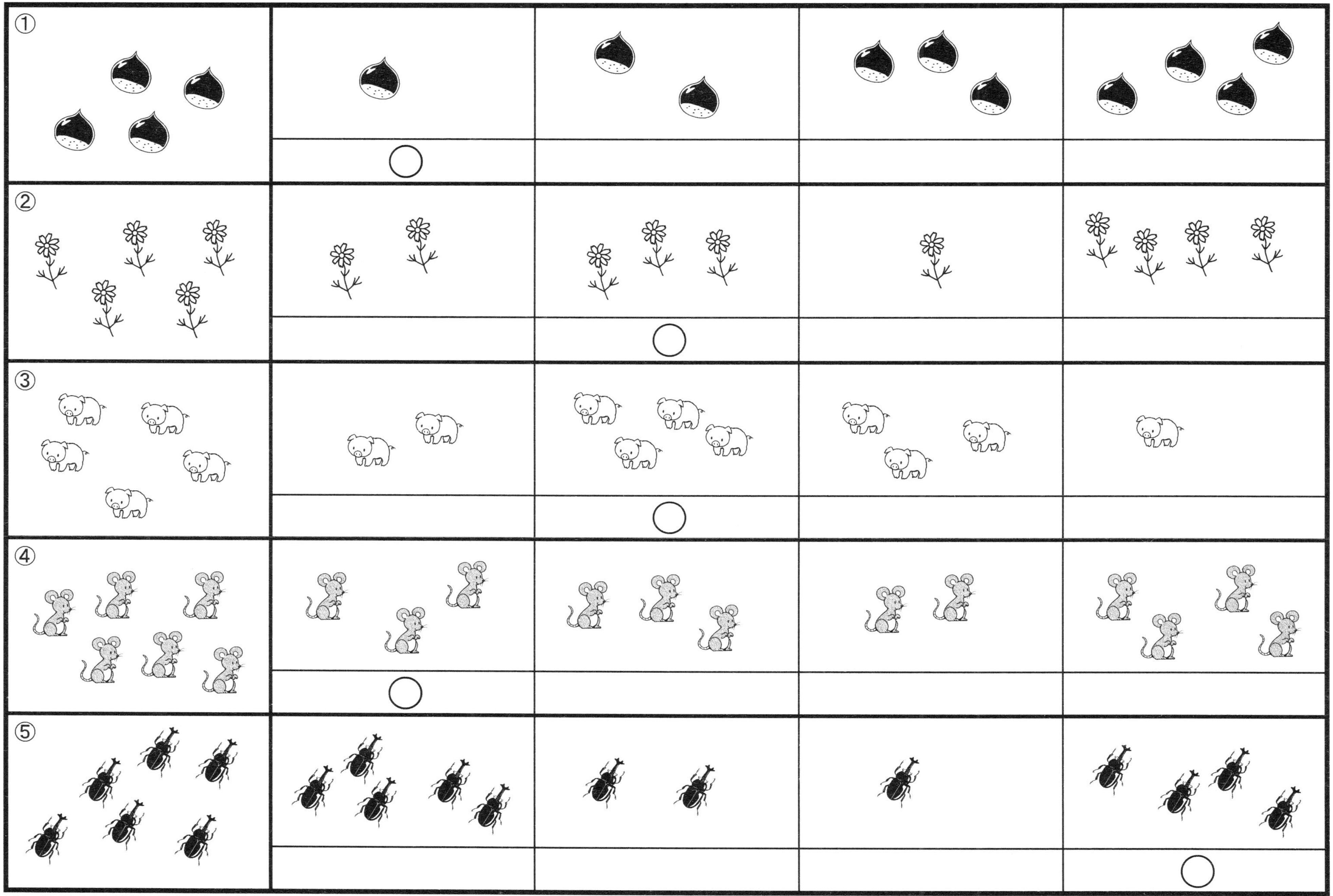

問題3－2

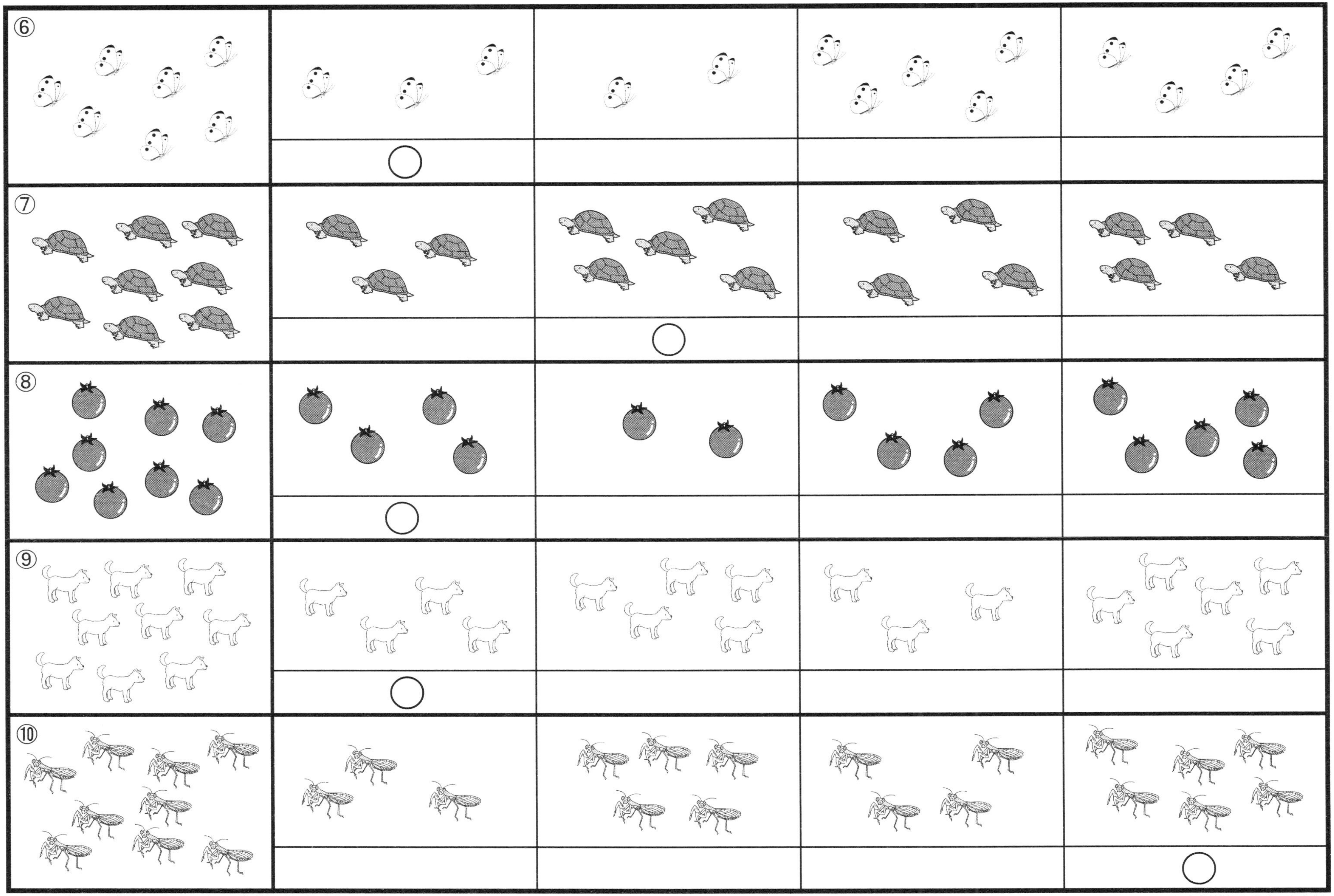

問題４－１

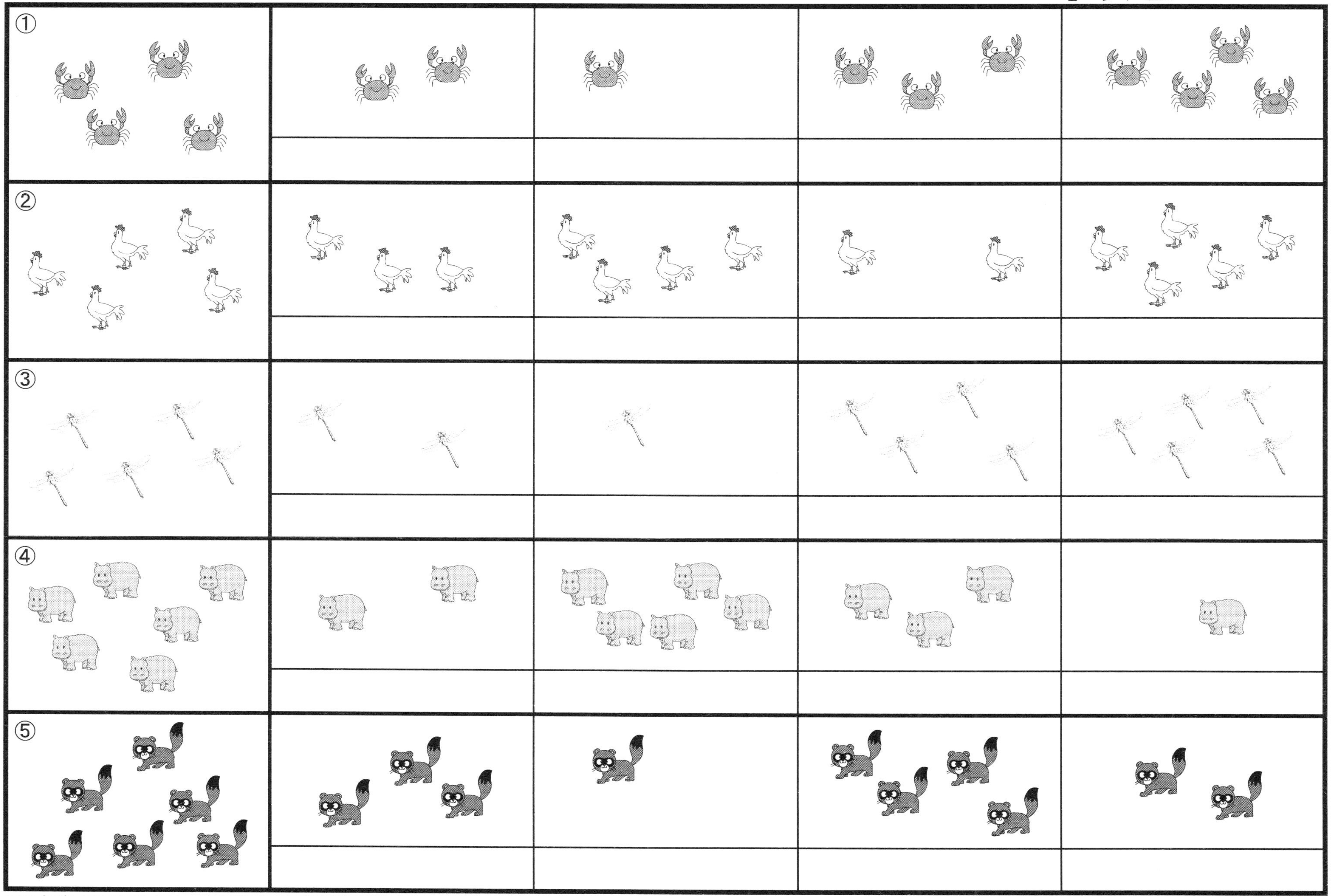

問題４－２

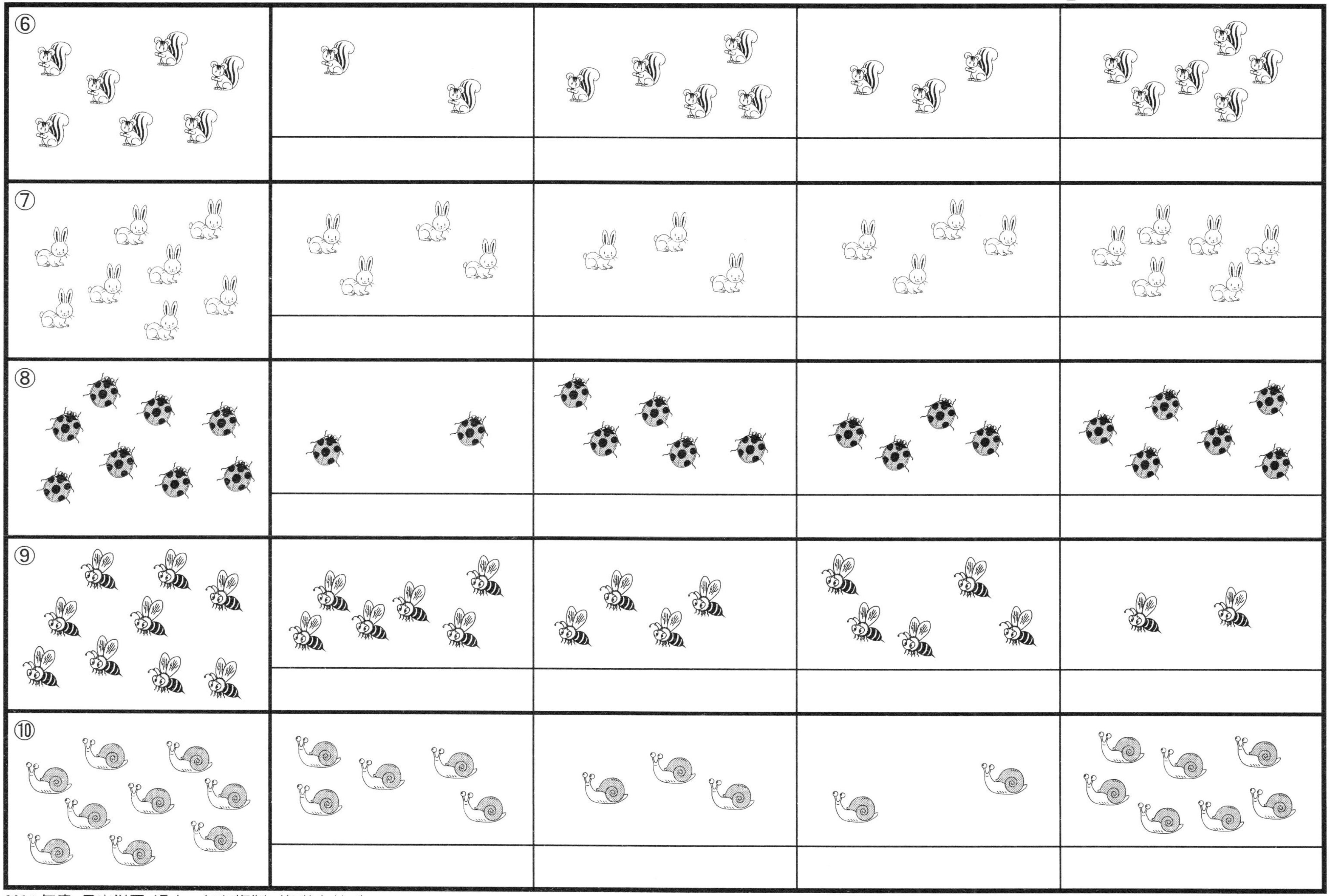

問題5－1

問題5－2

問題6－1

問題6－2

⑥		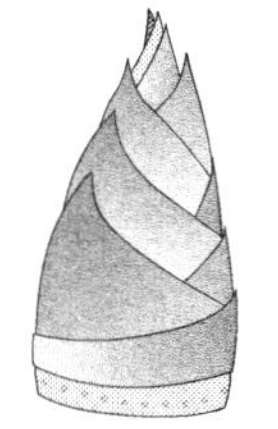			
⑦	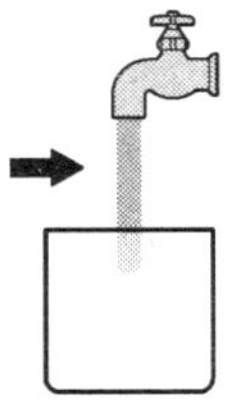	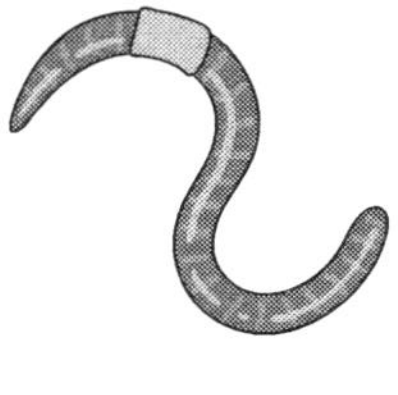	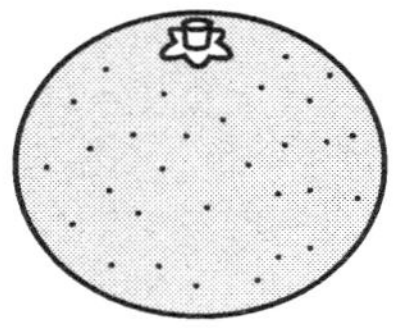	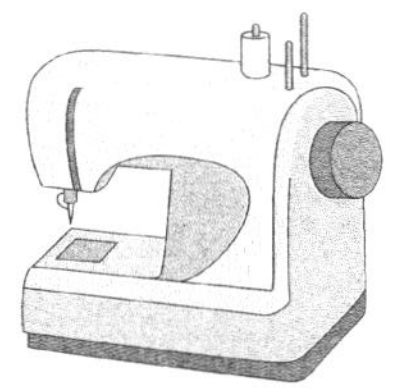	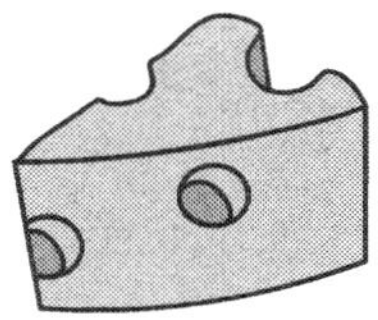
⑧			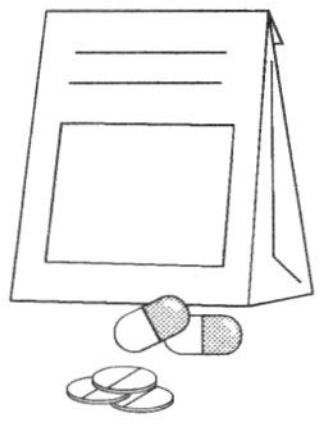		
⑨		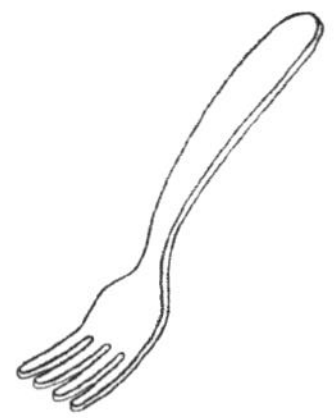		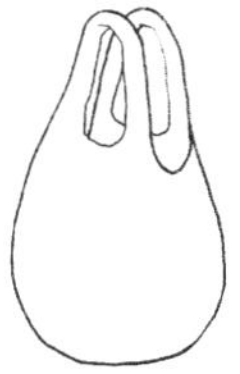	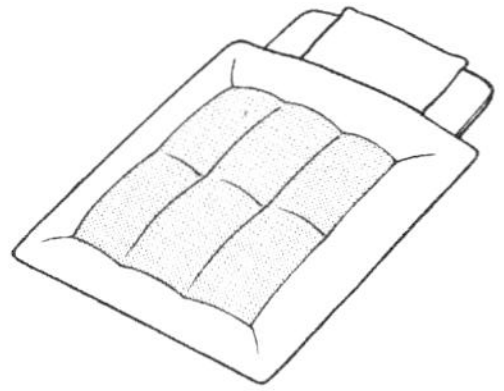
⑩		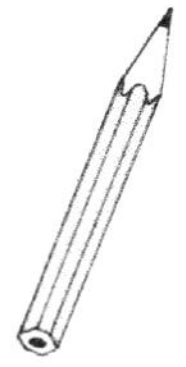	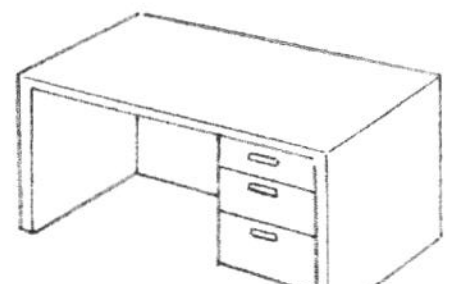		

問題7

①

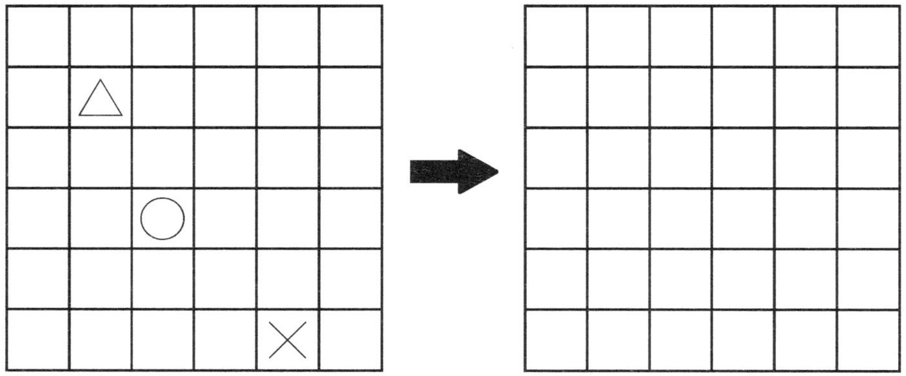

②

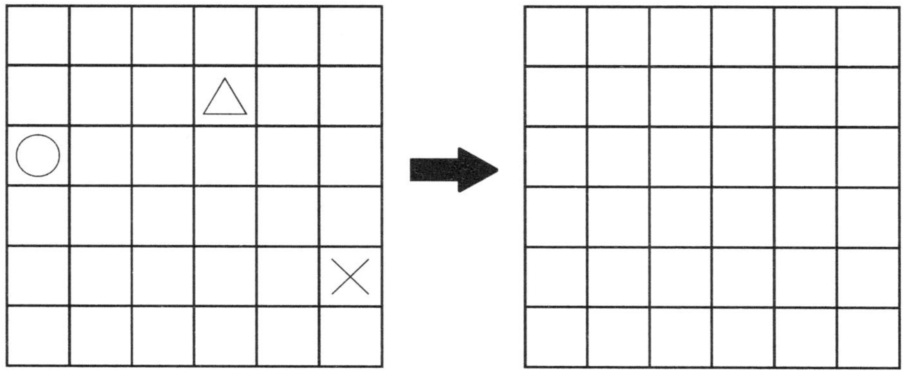

③

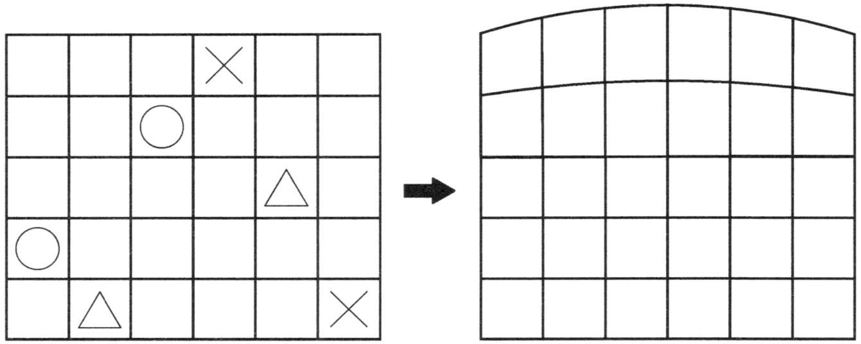

④

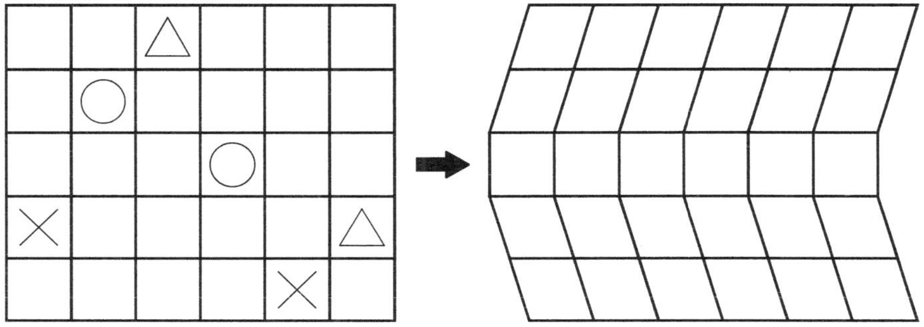

⑤

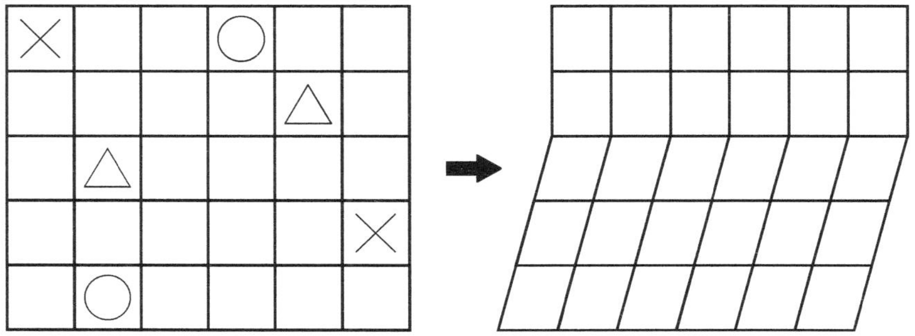

問題8

①

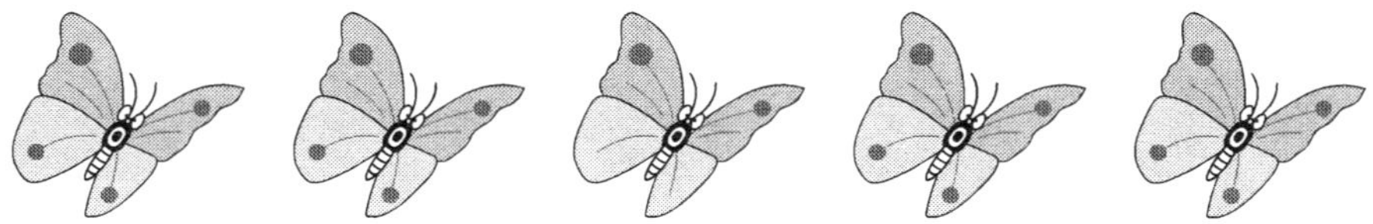

②

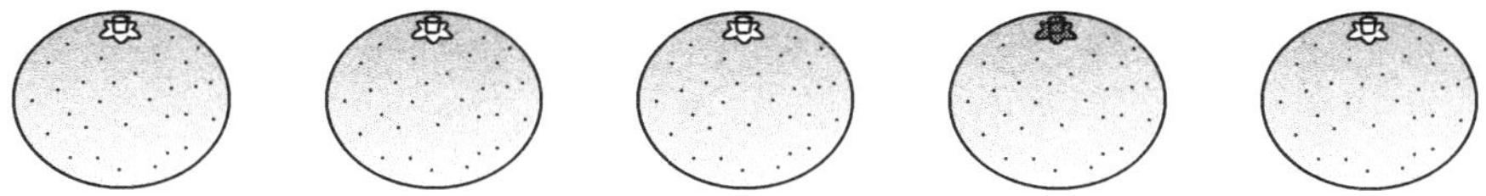

③

④

⑤

⑥

⑦

⑧

⑨

⑩

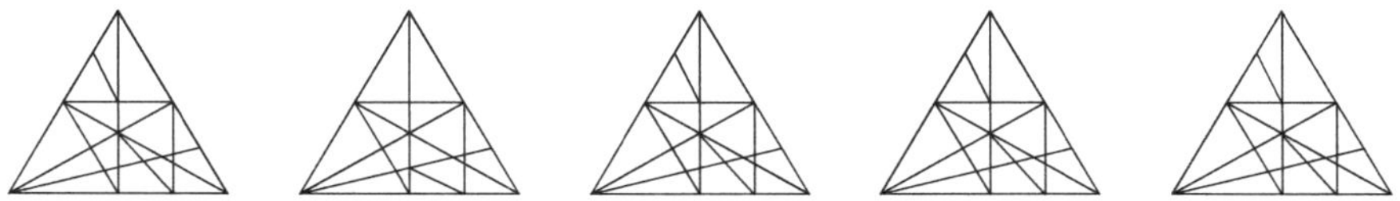

問題9

①

②

③

④

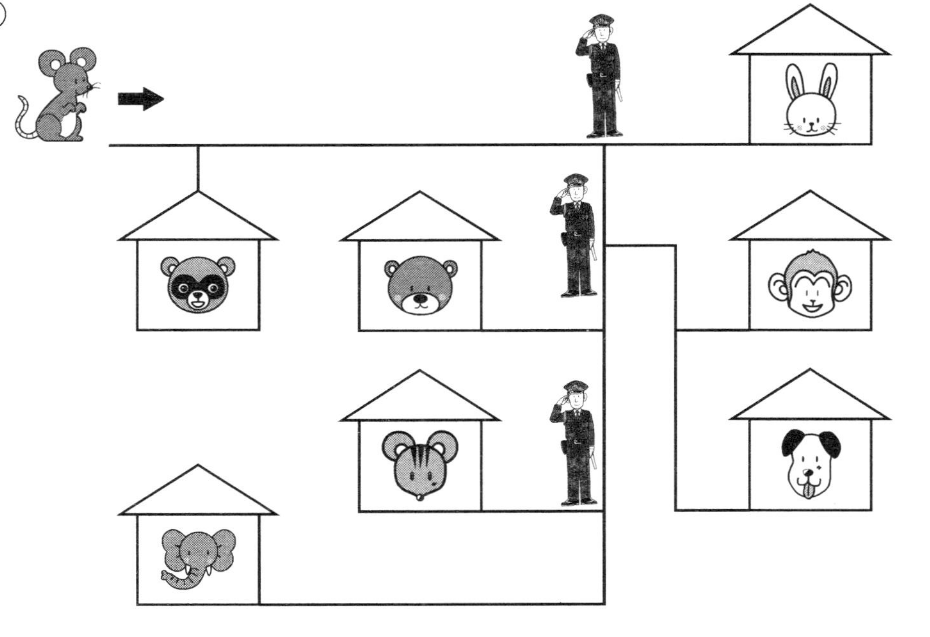

⑤

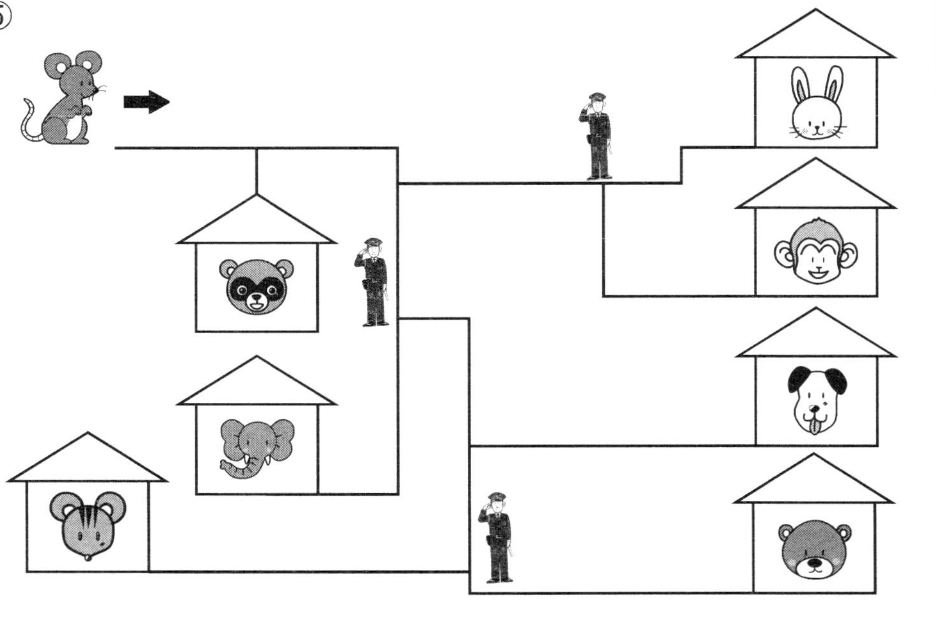

日本学習図書株式会社

2024 年度 日出学園 過去　無断複製／転載を禁ずる　　日本学習図書株式会社

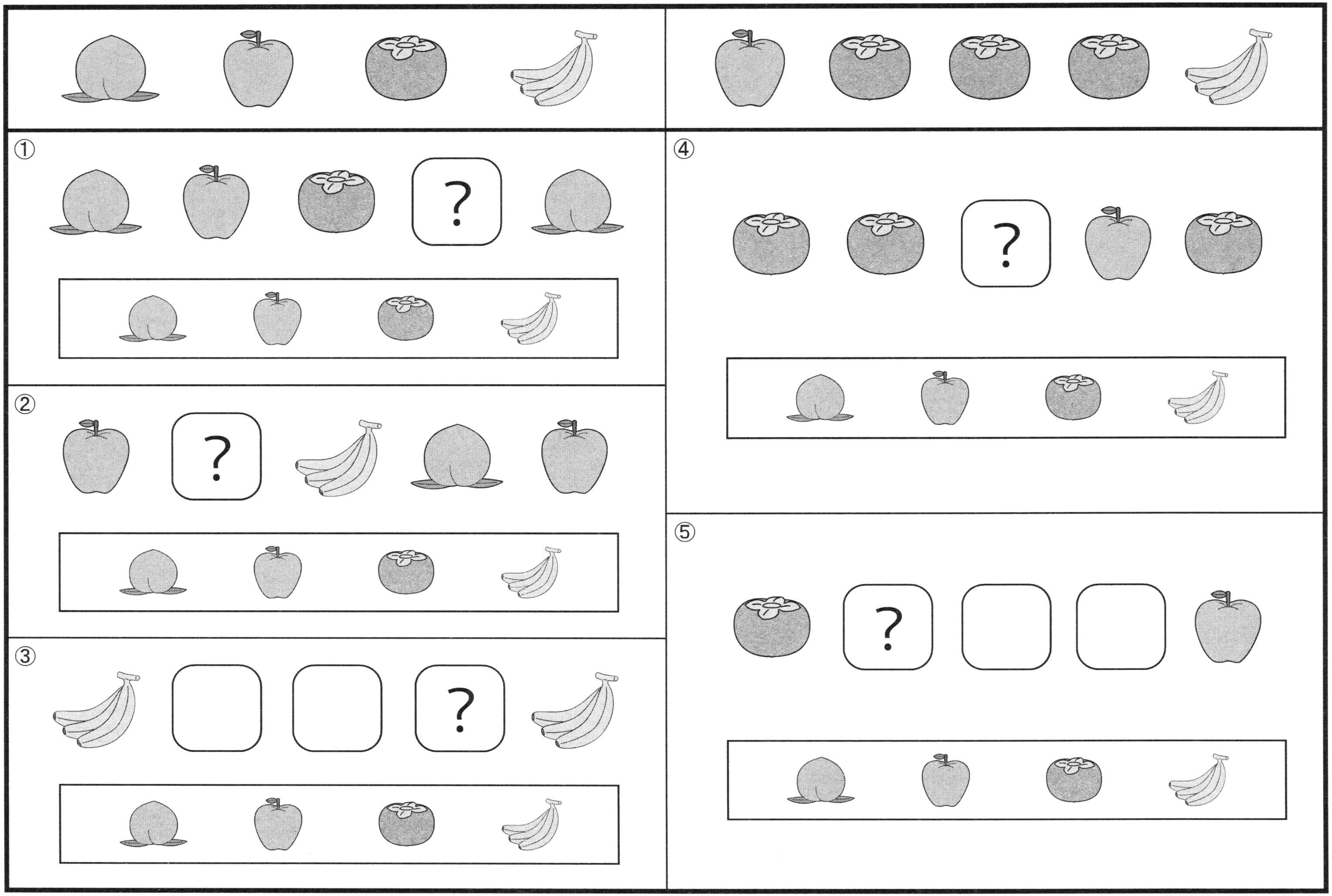

問題１３

問題１４

①

②

③

④

⑤

問題１５

①

②

③

④

⑤

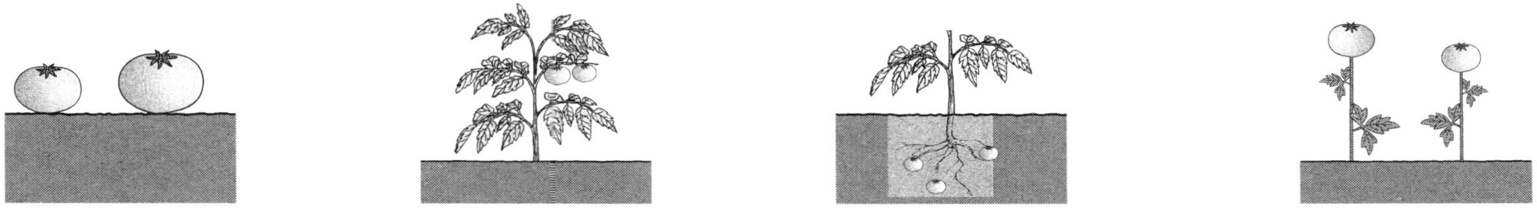

問題１６－１

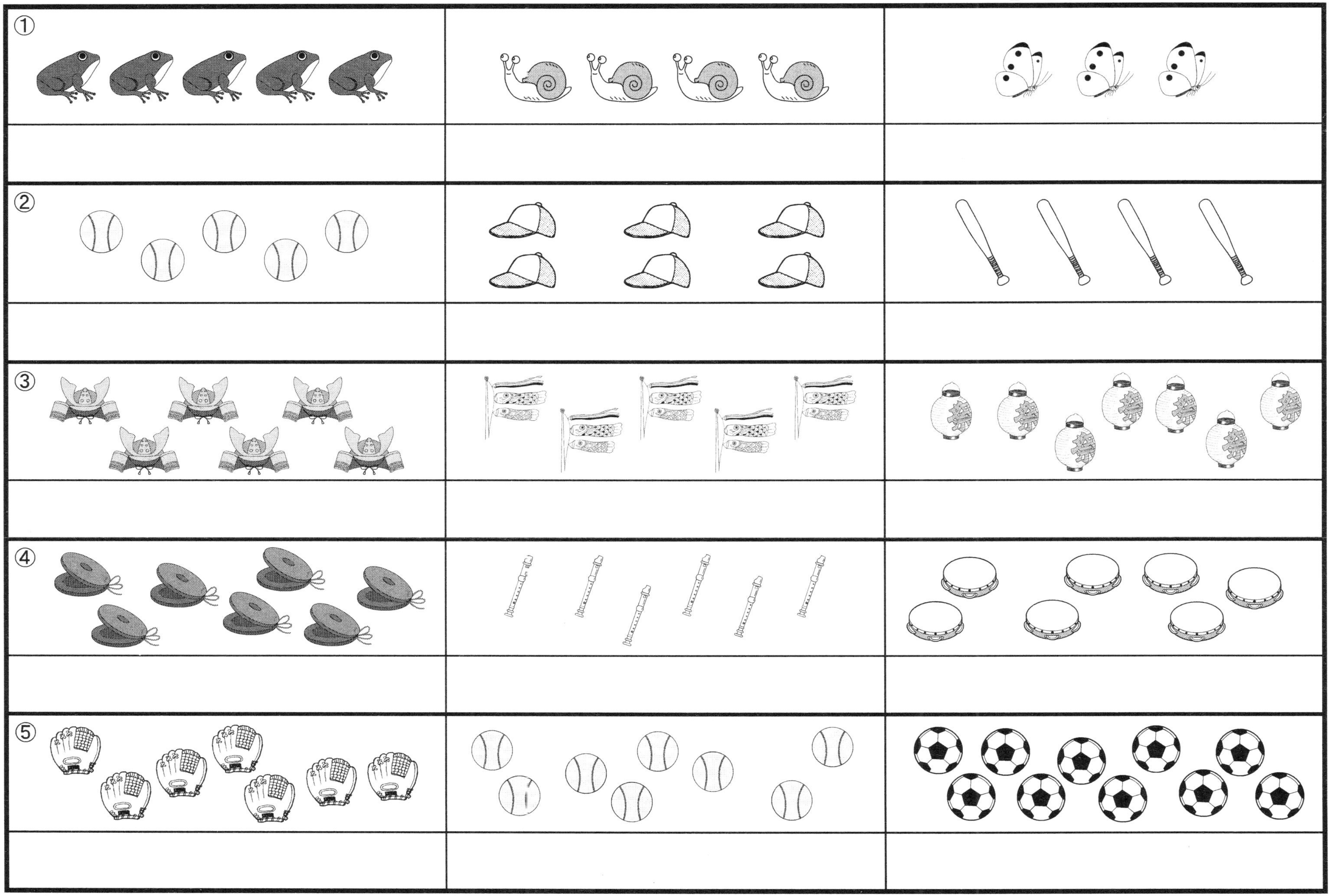

問題16－2

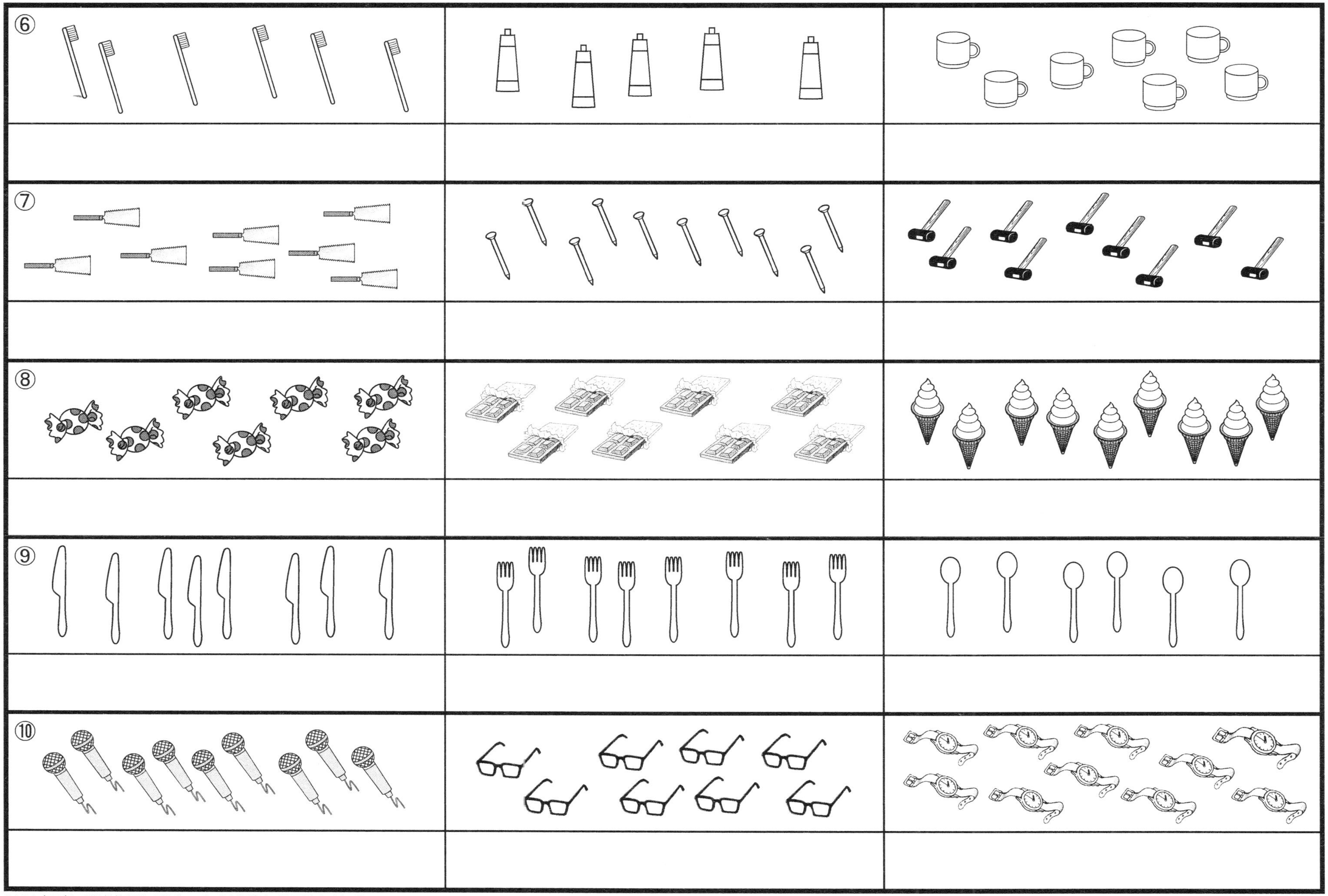

日本学習図書株式会社

問題１７－１

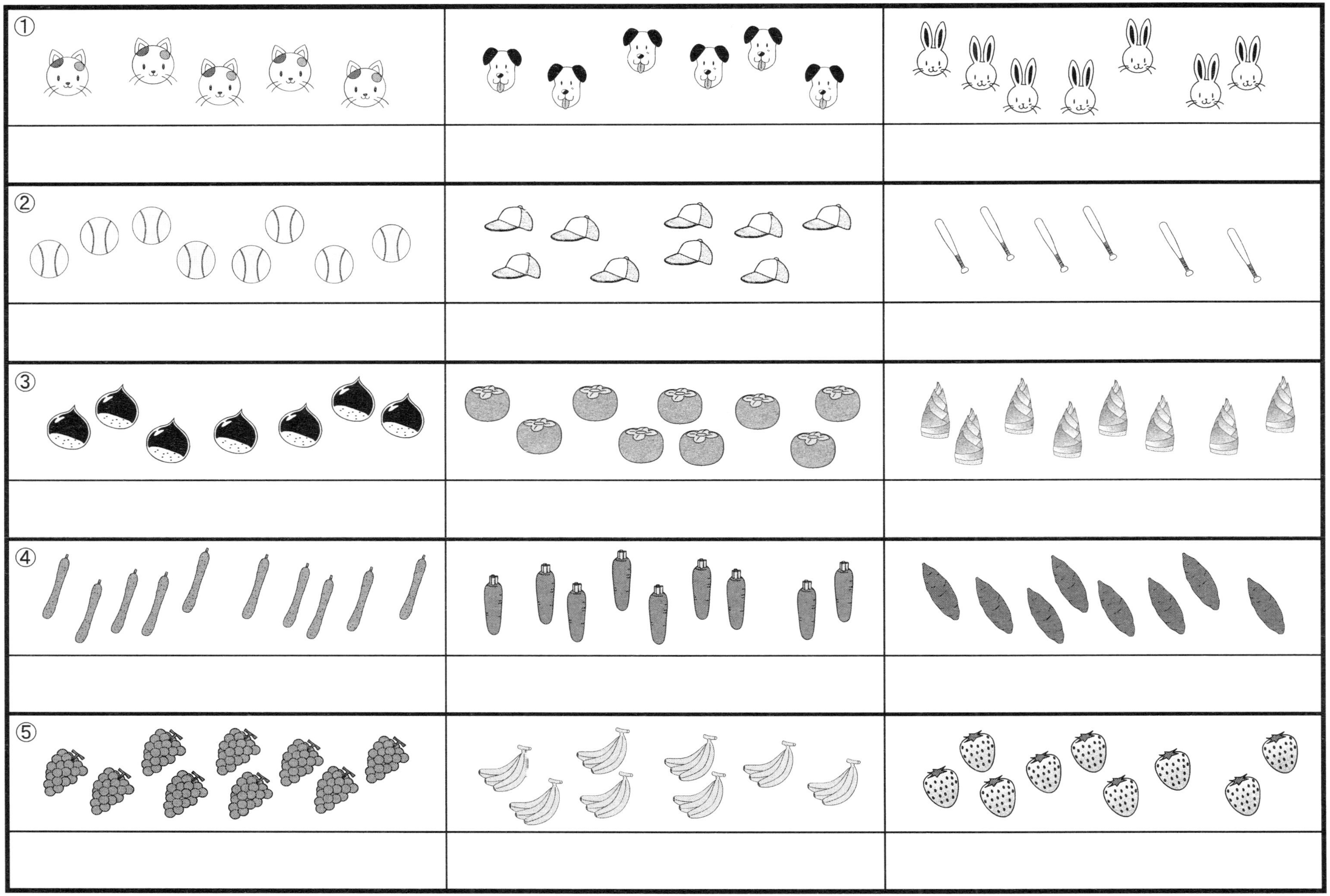

2024 年度 日出学園 過去 無断複製／転載を禁ずる 日本学習図書株式会社

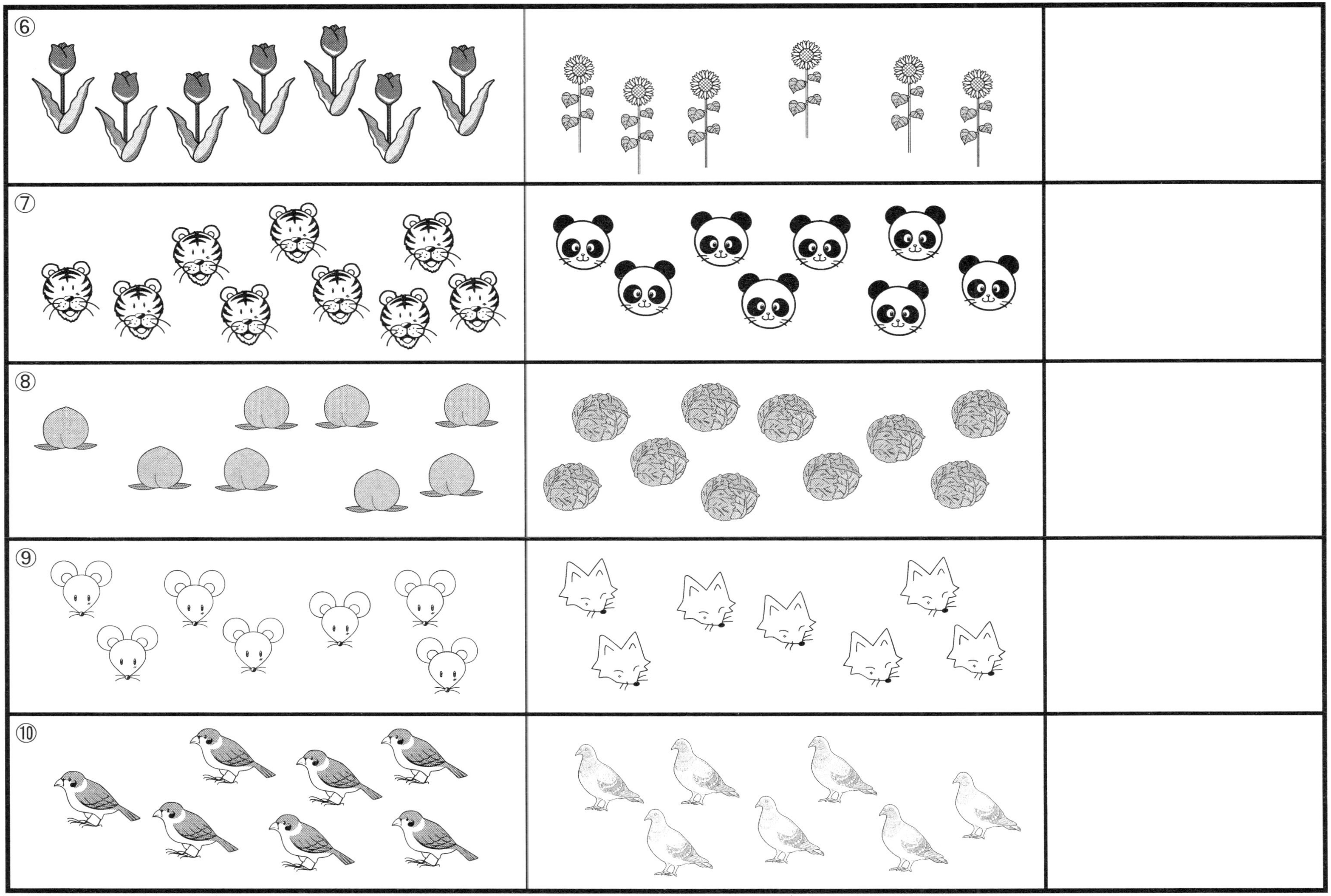

問題18

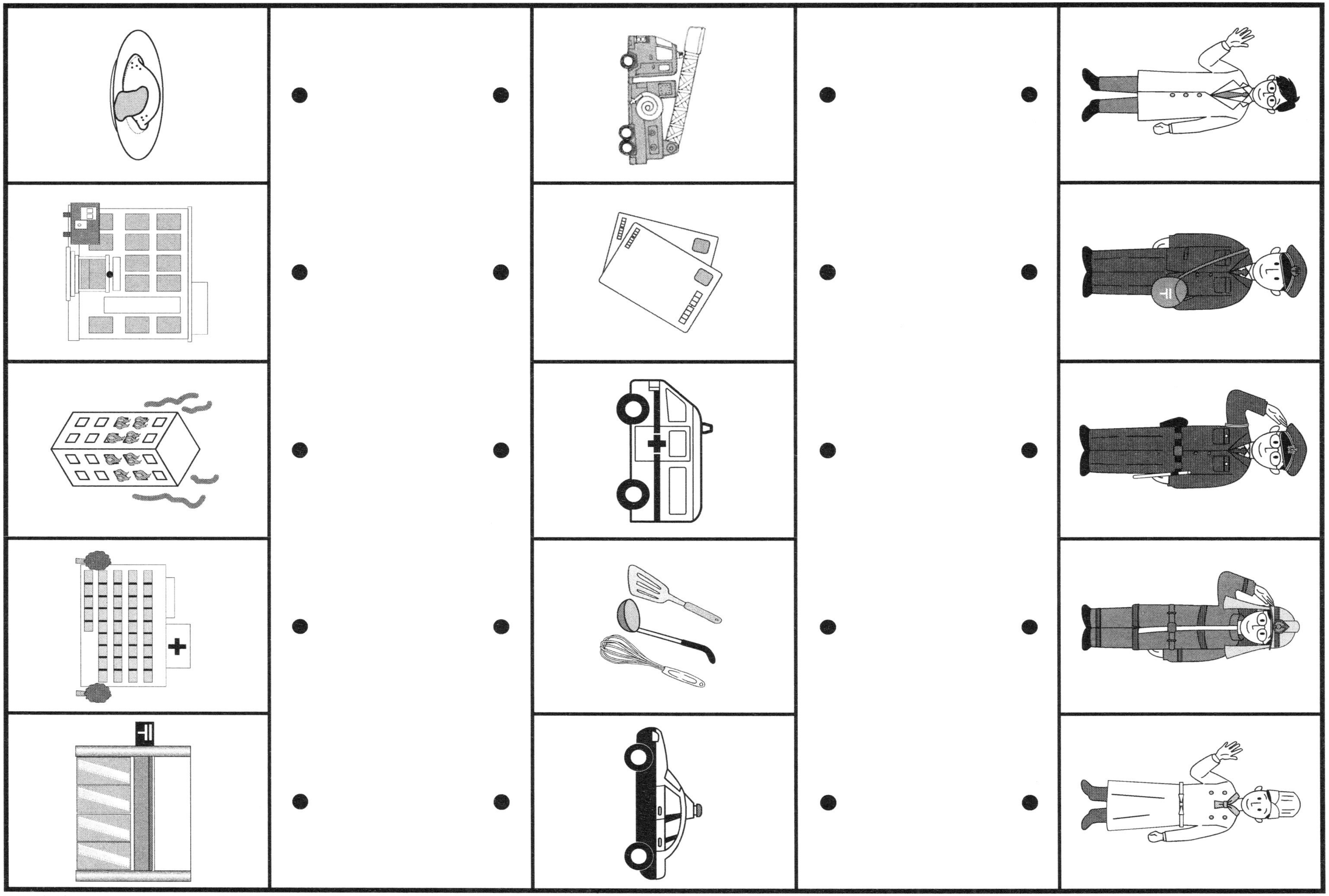

問題19－1

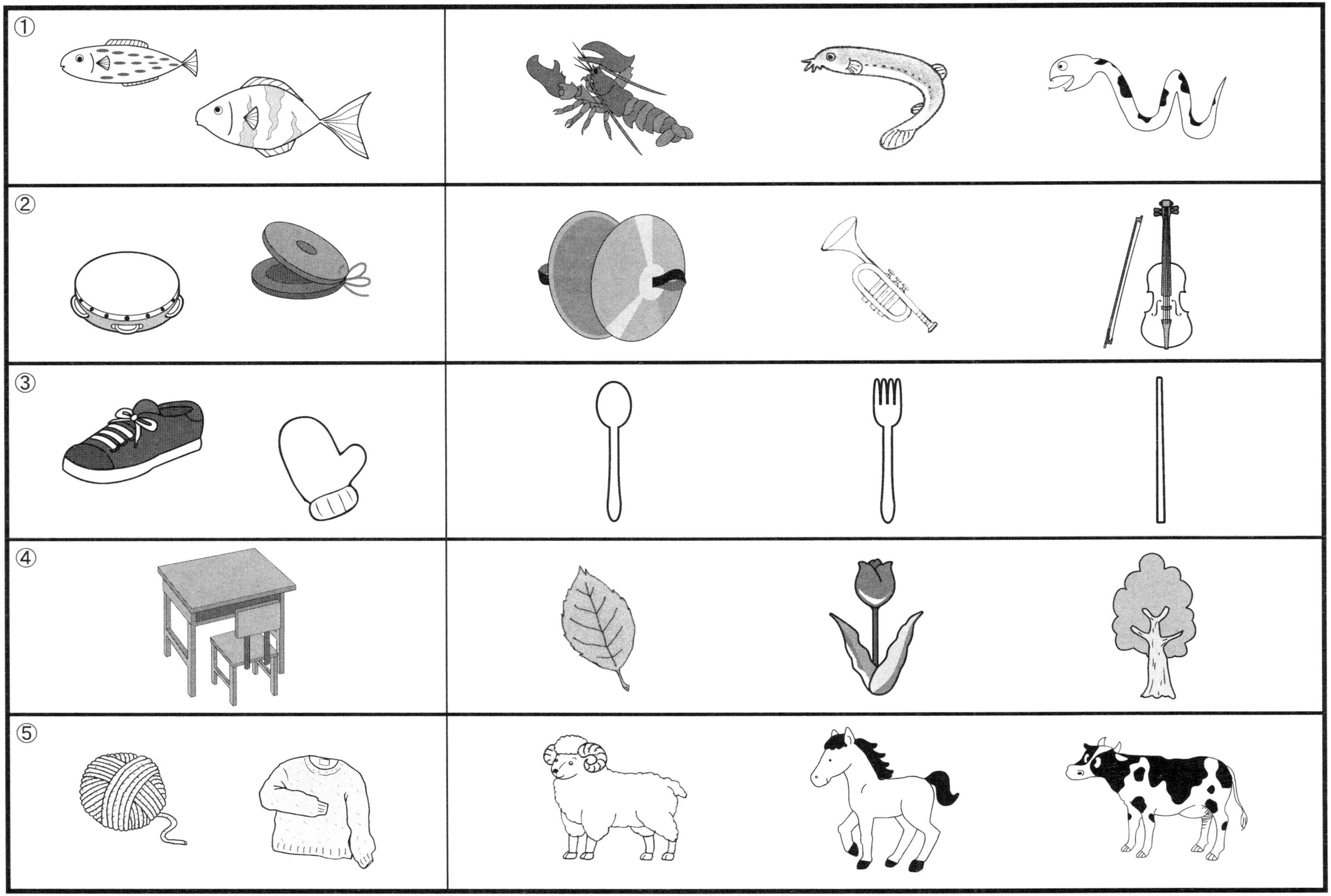

日本学習図書株式会社

2024年度 日出学園 過去 無断複製／転載を禁ずる 日本学習図書株式会社

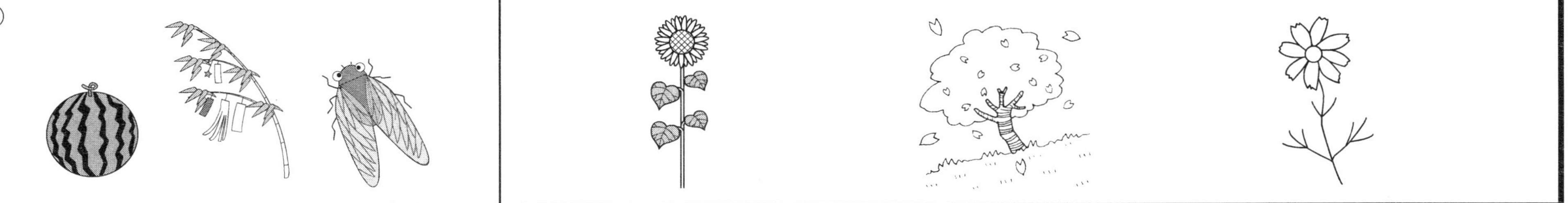

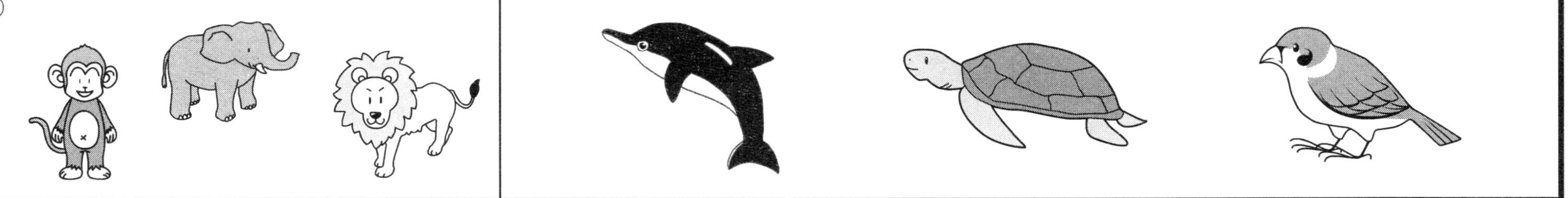

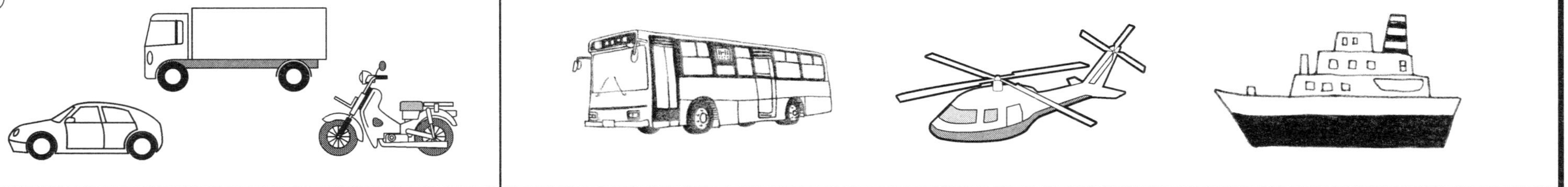

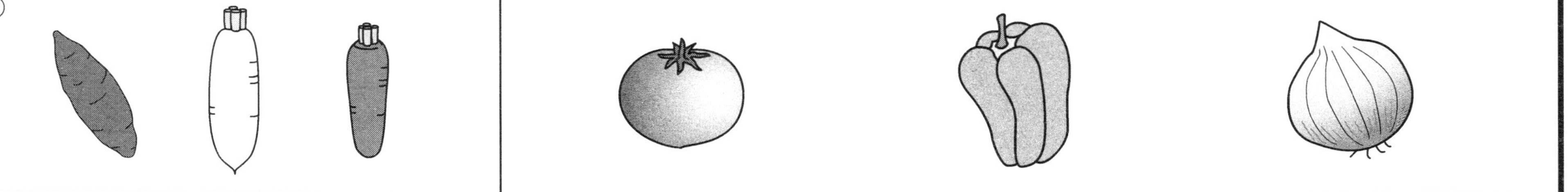

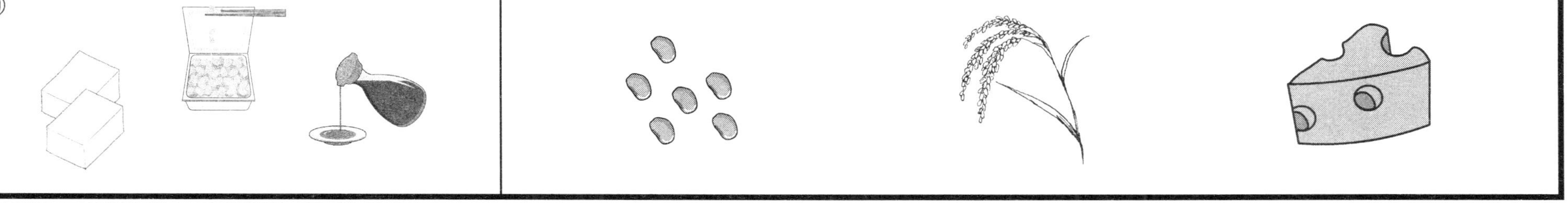

問題２０－１

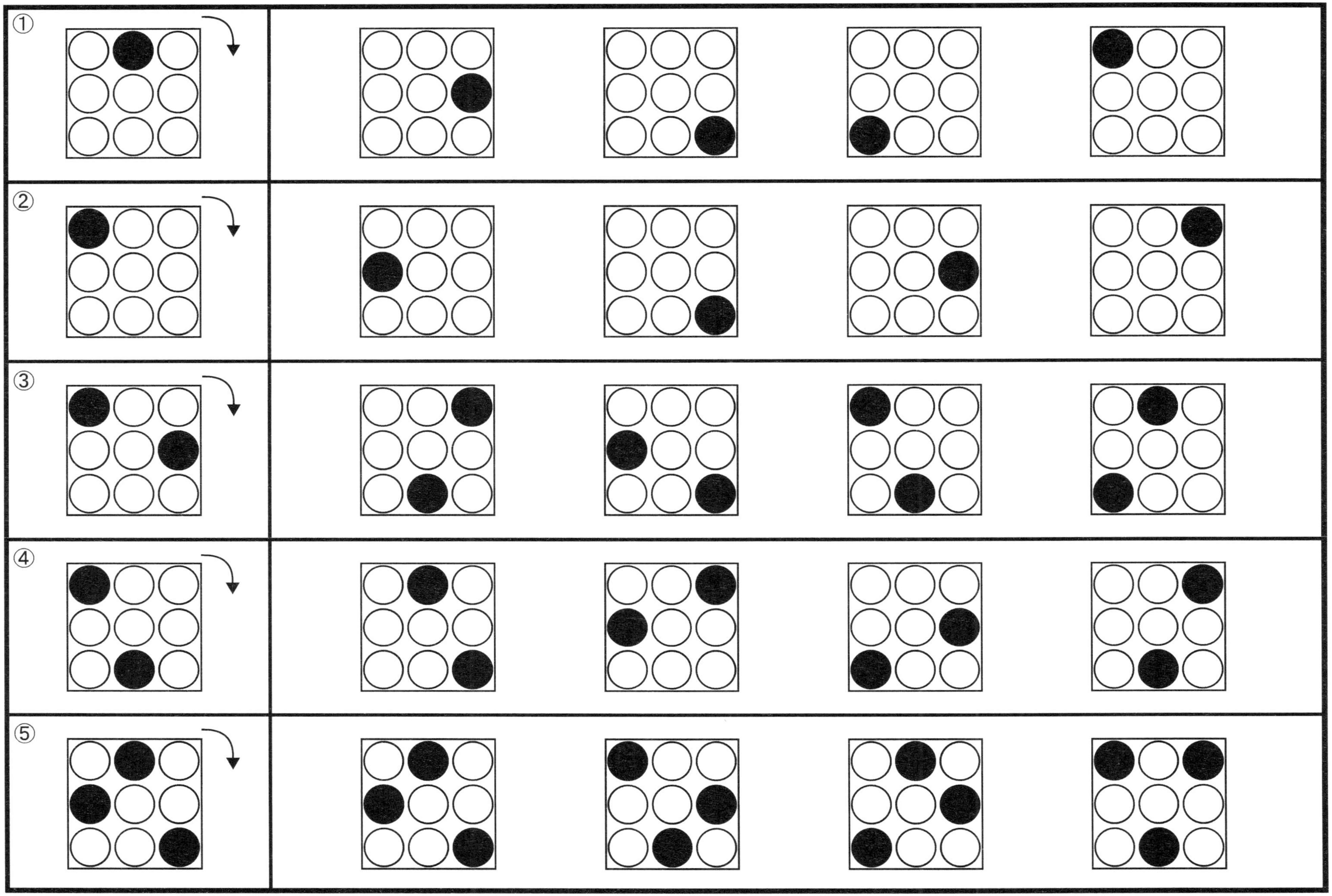

問題２０－２

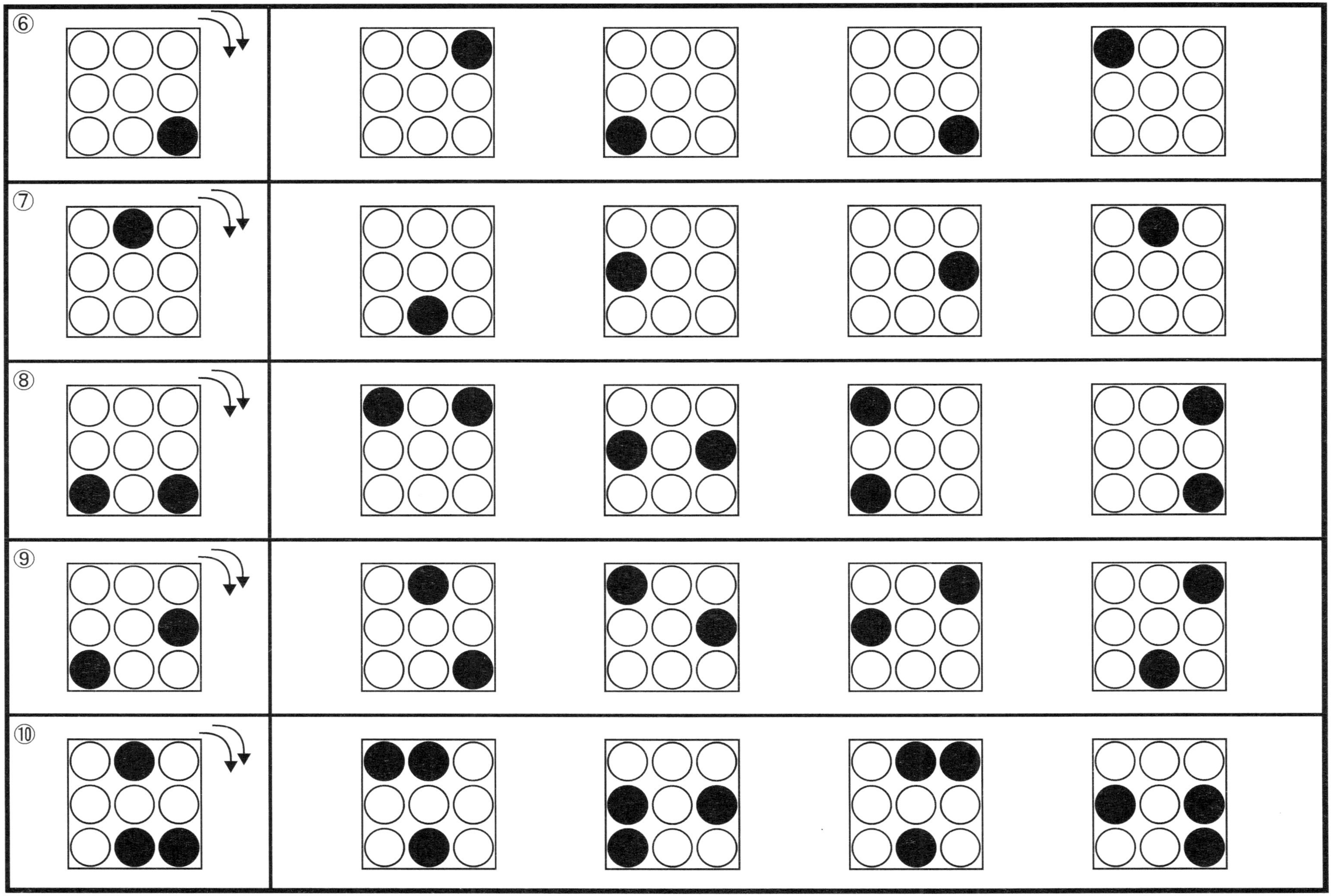

問題21−1

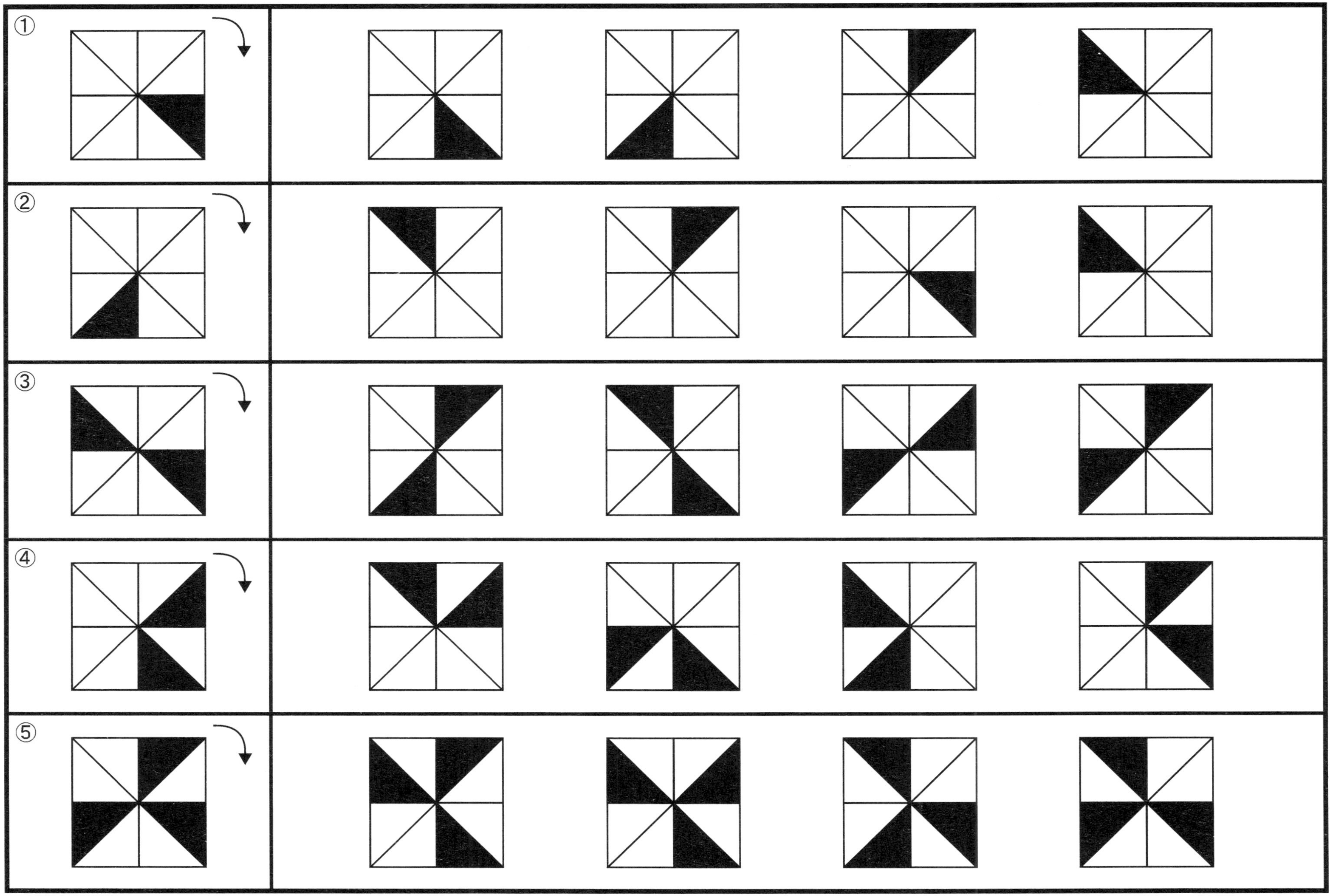

問題２１－２

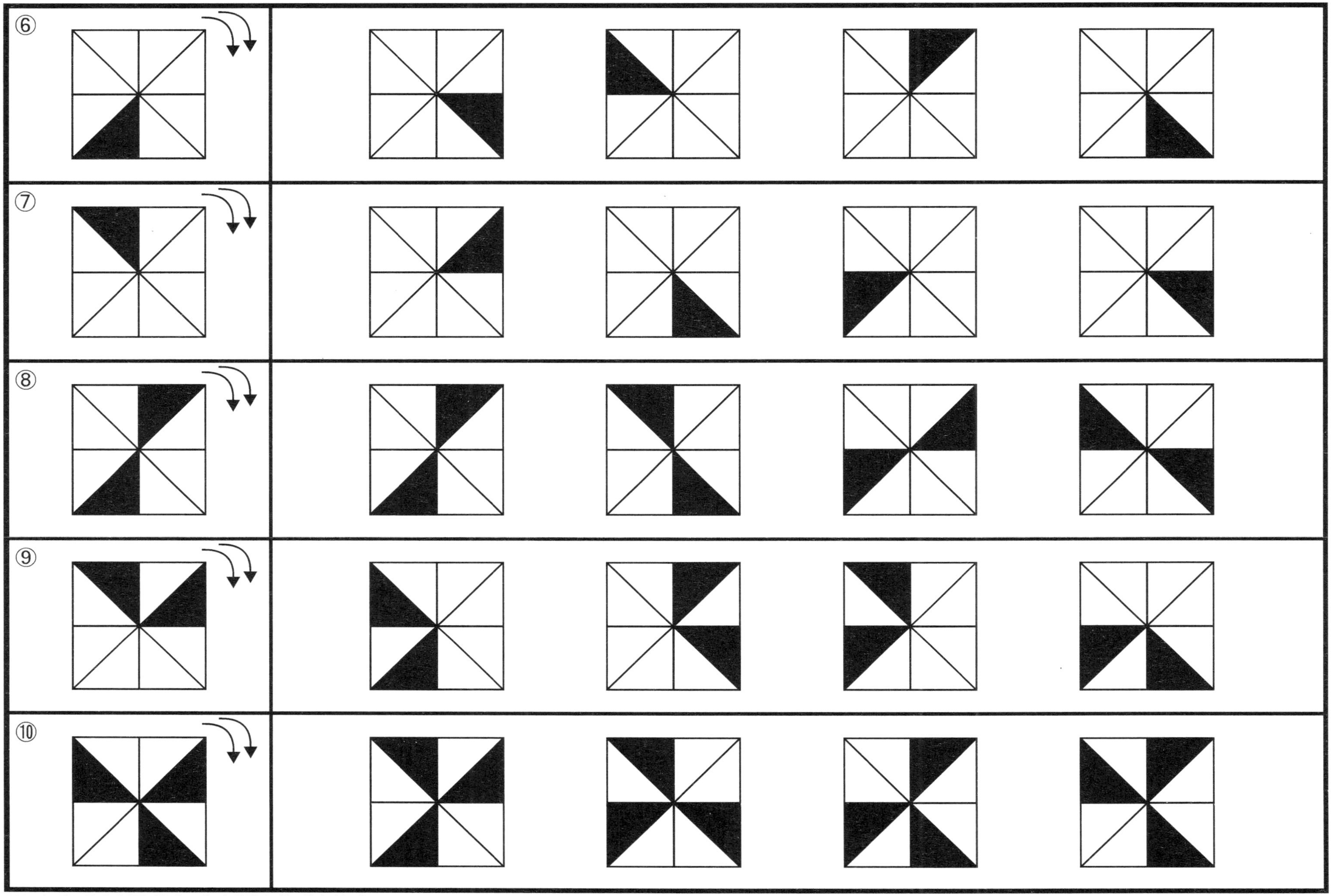

問題22

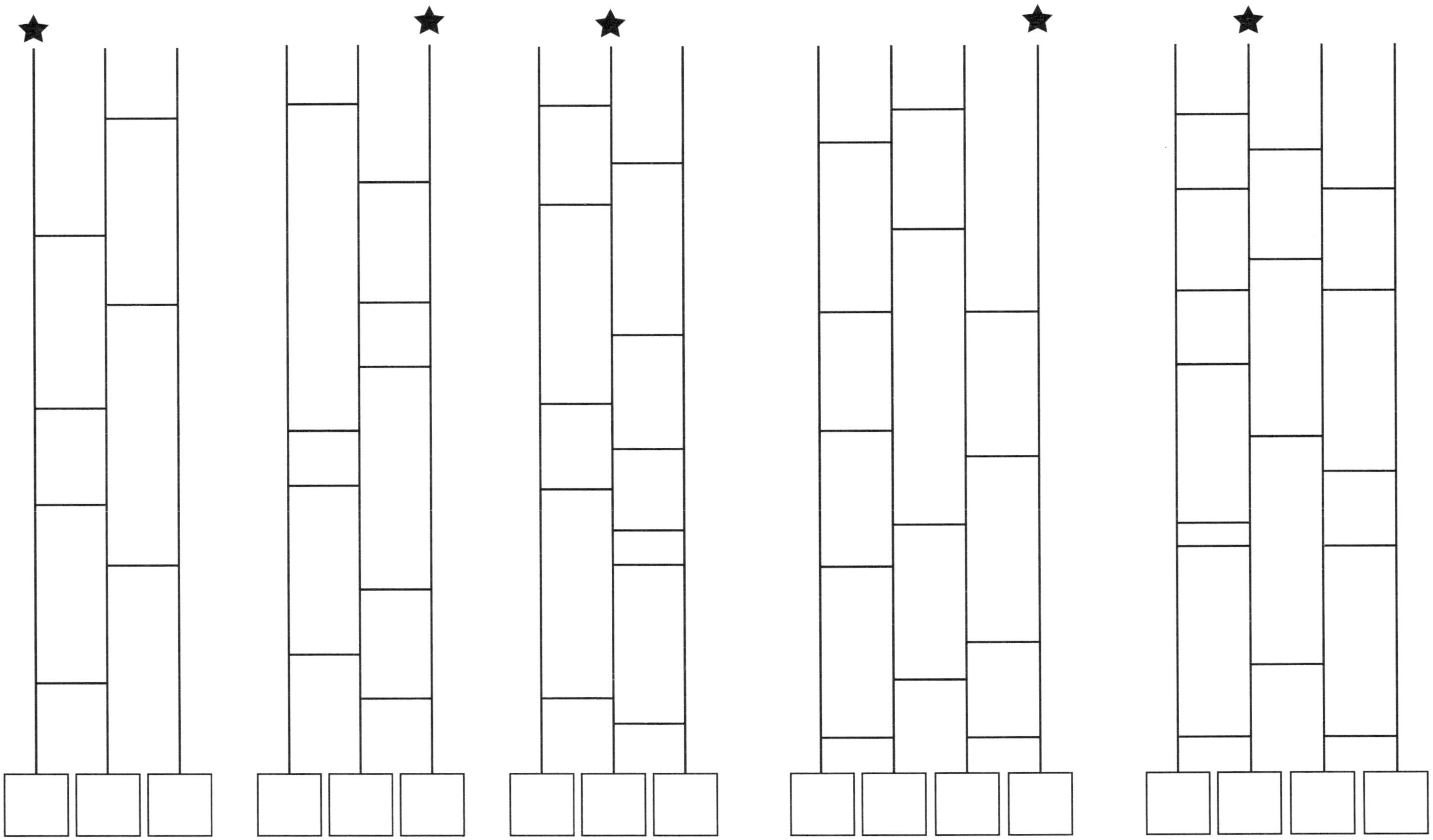

問題２３

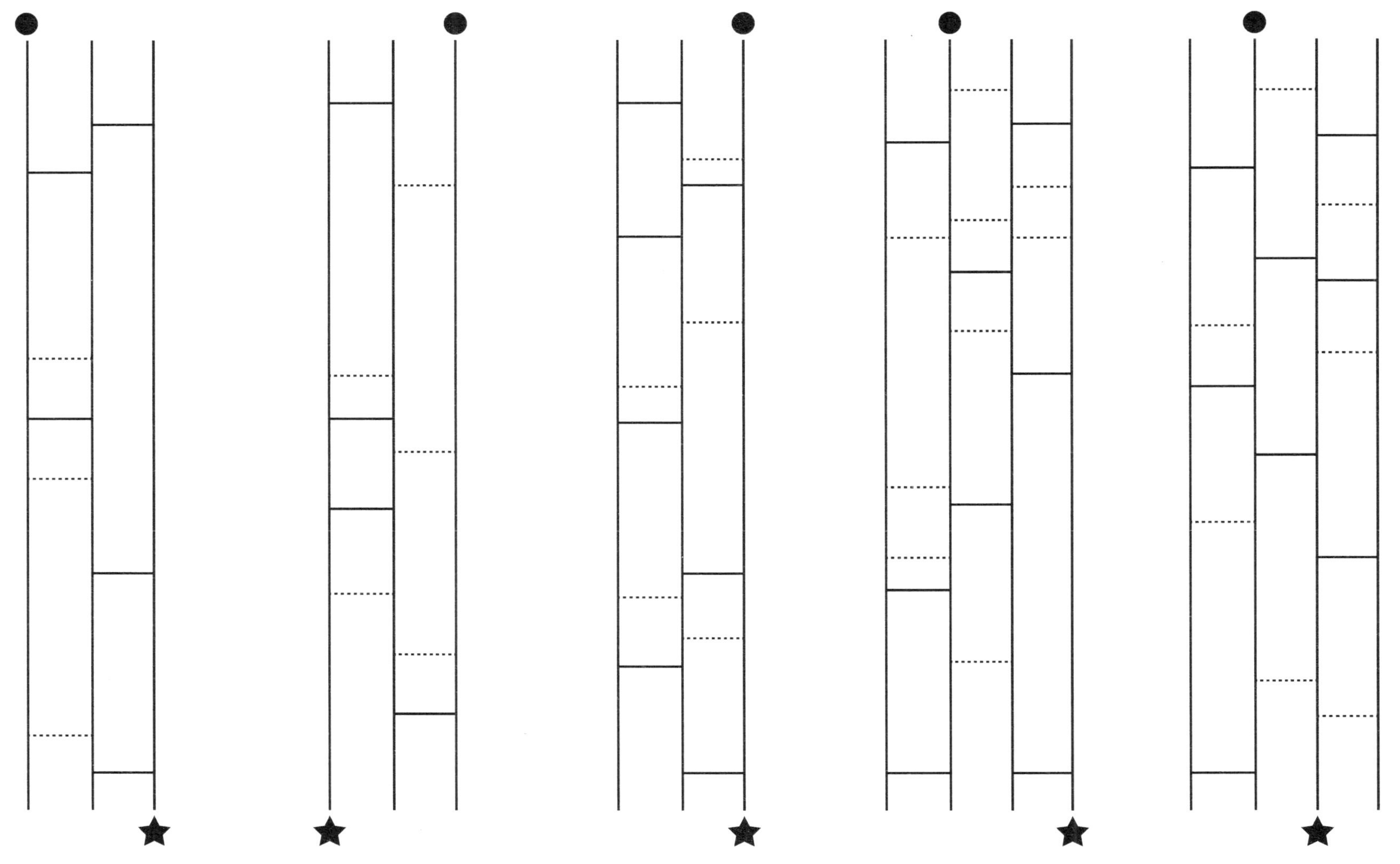

問題２６

①②③④2024 年度 日出学園 過去　無断複製／転載を禁ずる　　　　　　　日本学習図書株式会社

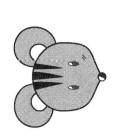

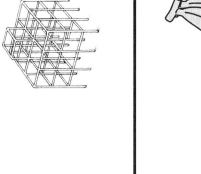

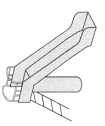

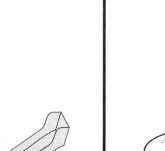

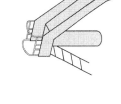

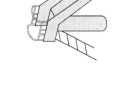

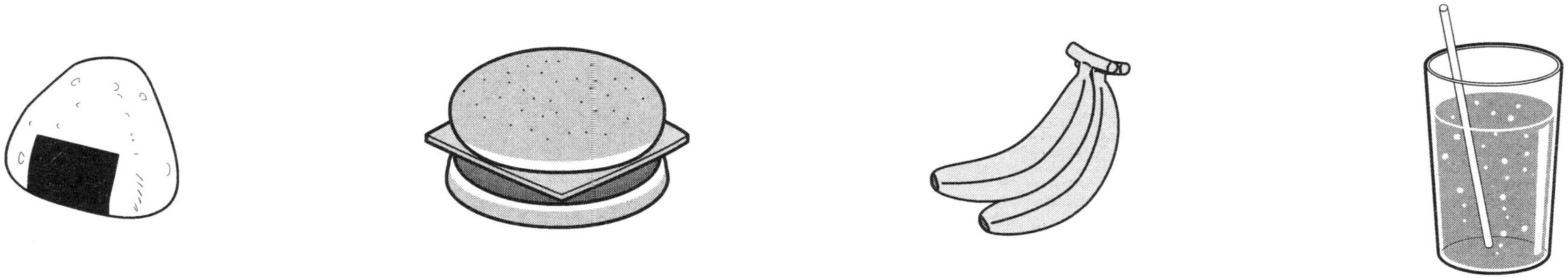

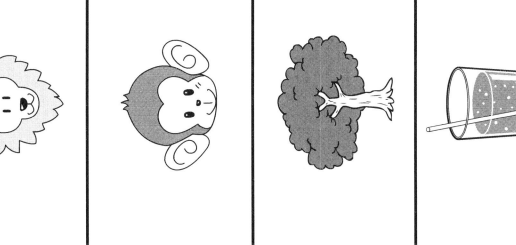

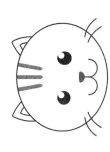

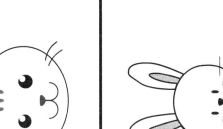

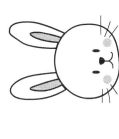

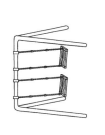

問題２８

①

②

③

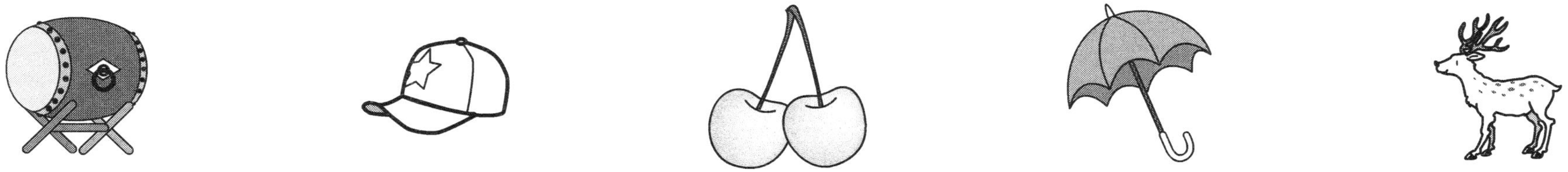

④

⑤

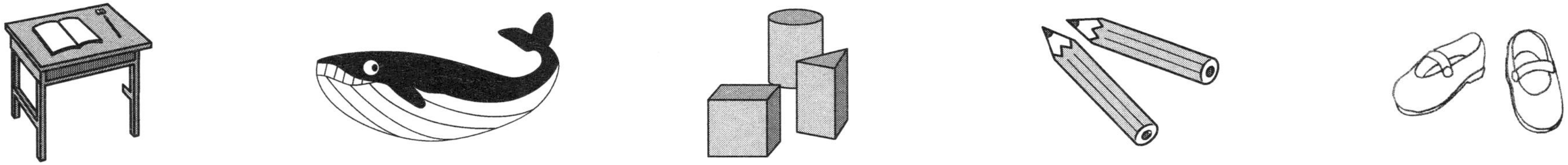

⑥

問題２９

①

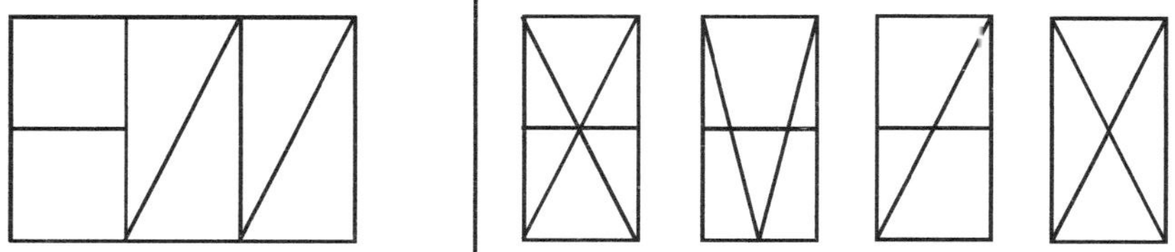

②

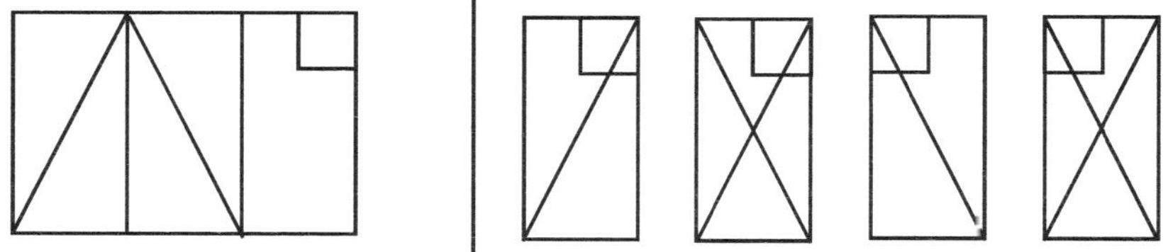

③

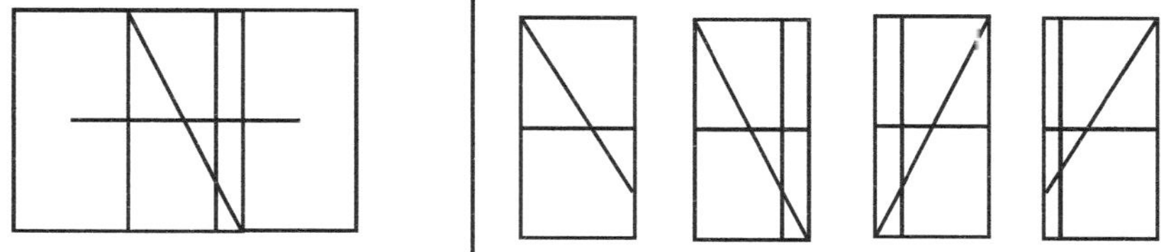

④

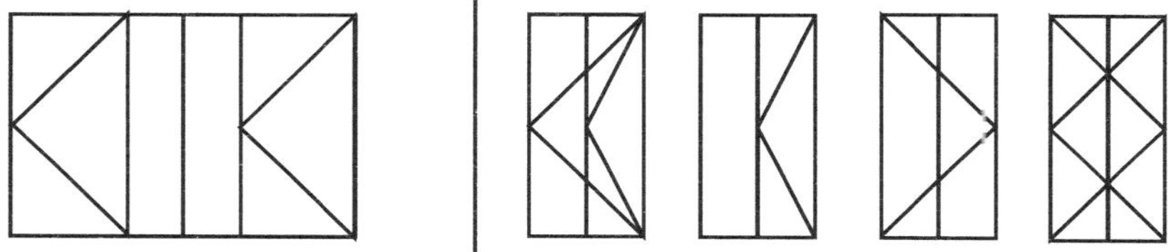

⑤

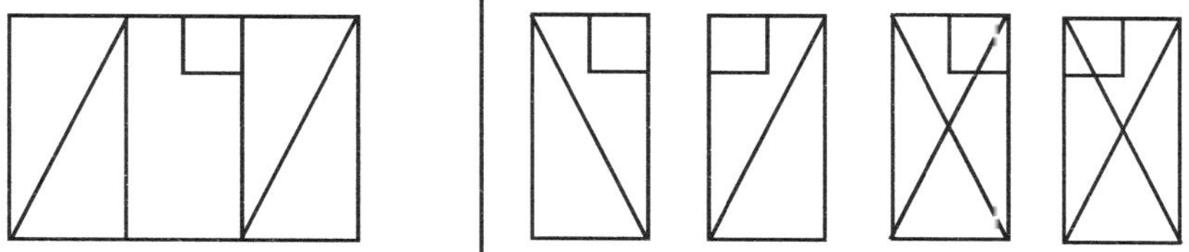

⑥

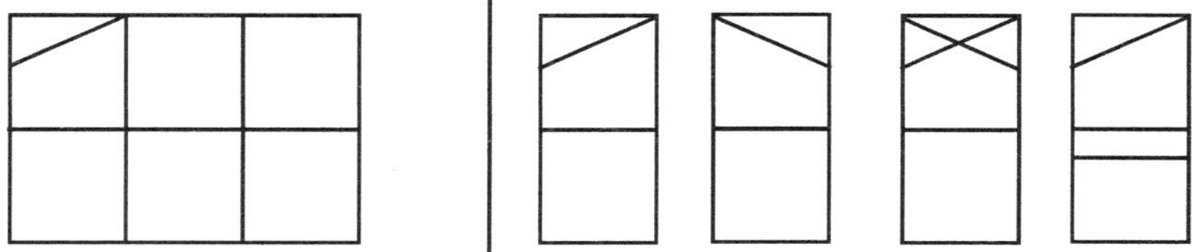

⑦

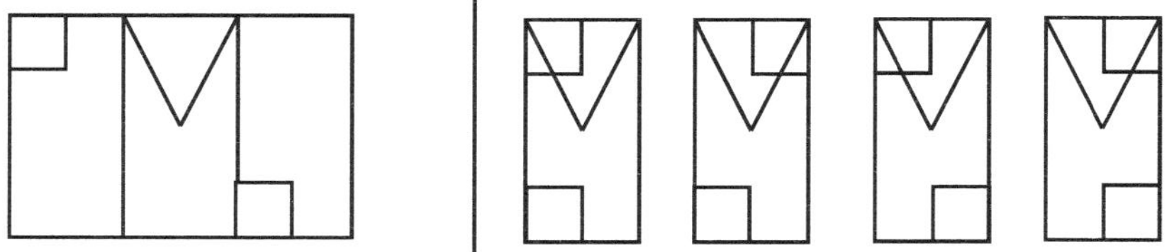

⑧

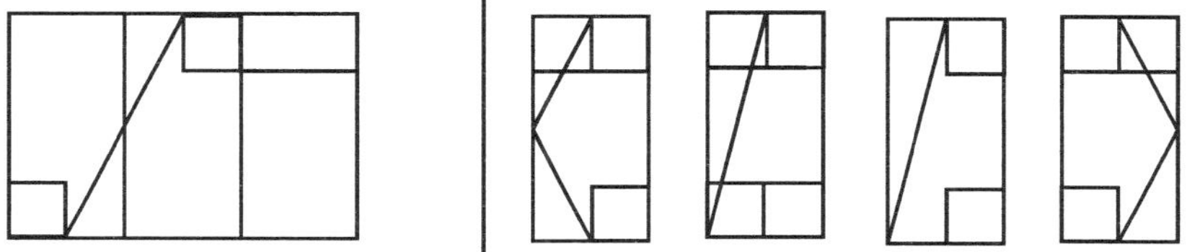

⑨

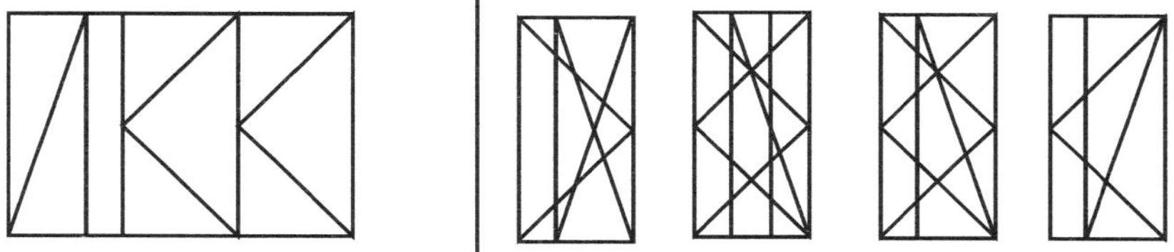

⑩

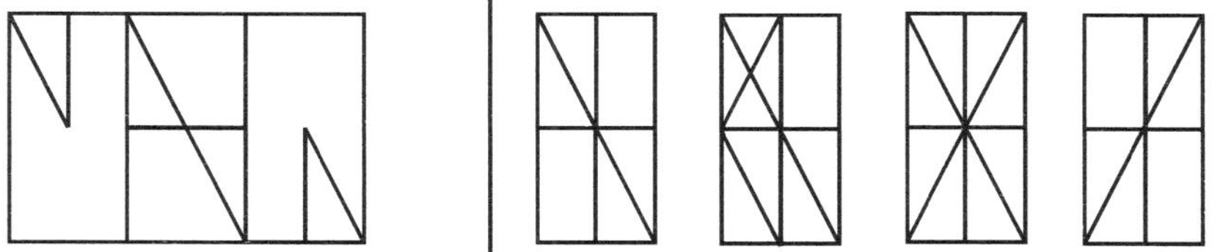

問題３０

2024 年度 日出学園 過去
日本学習図書株式会社

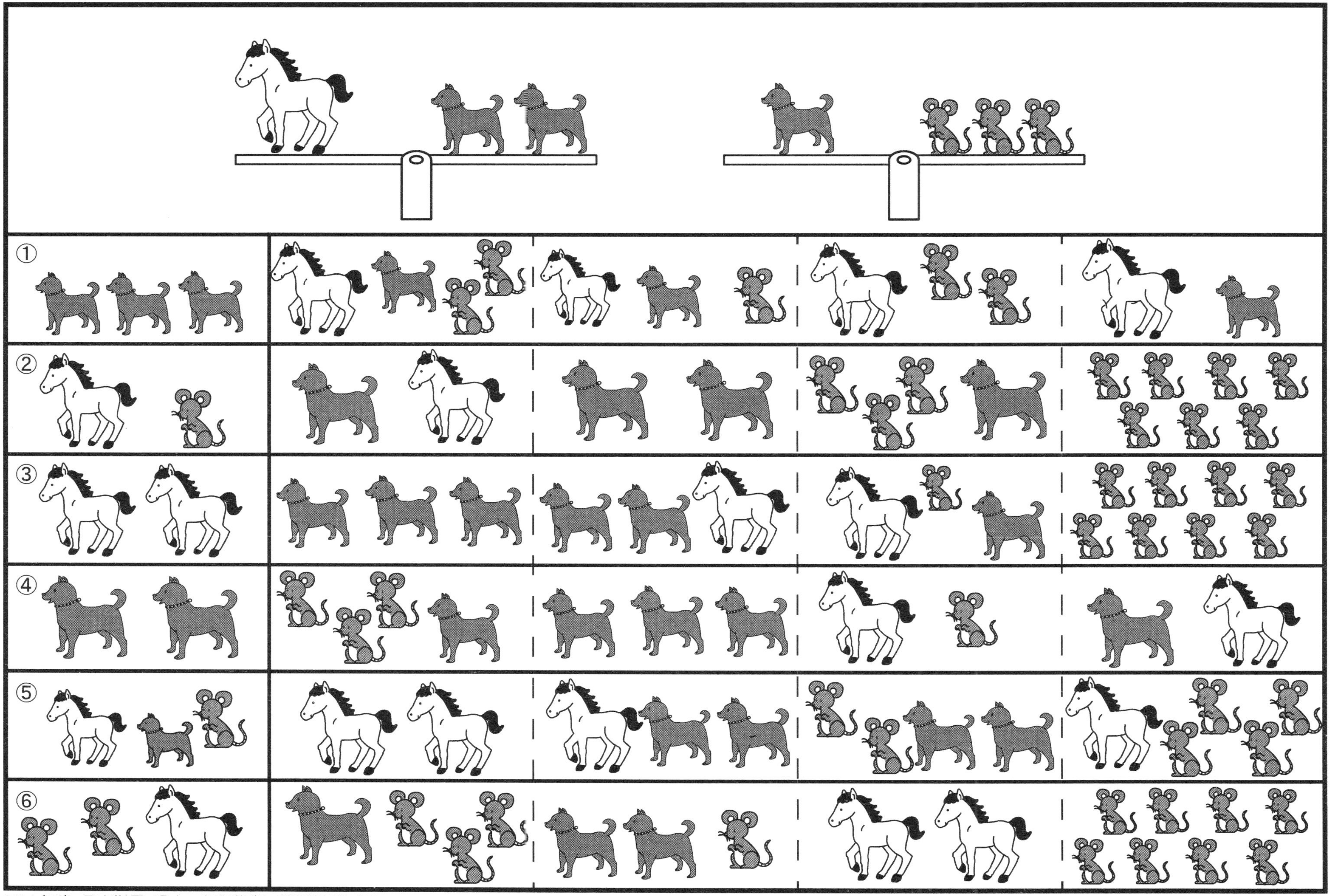

問題31

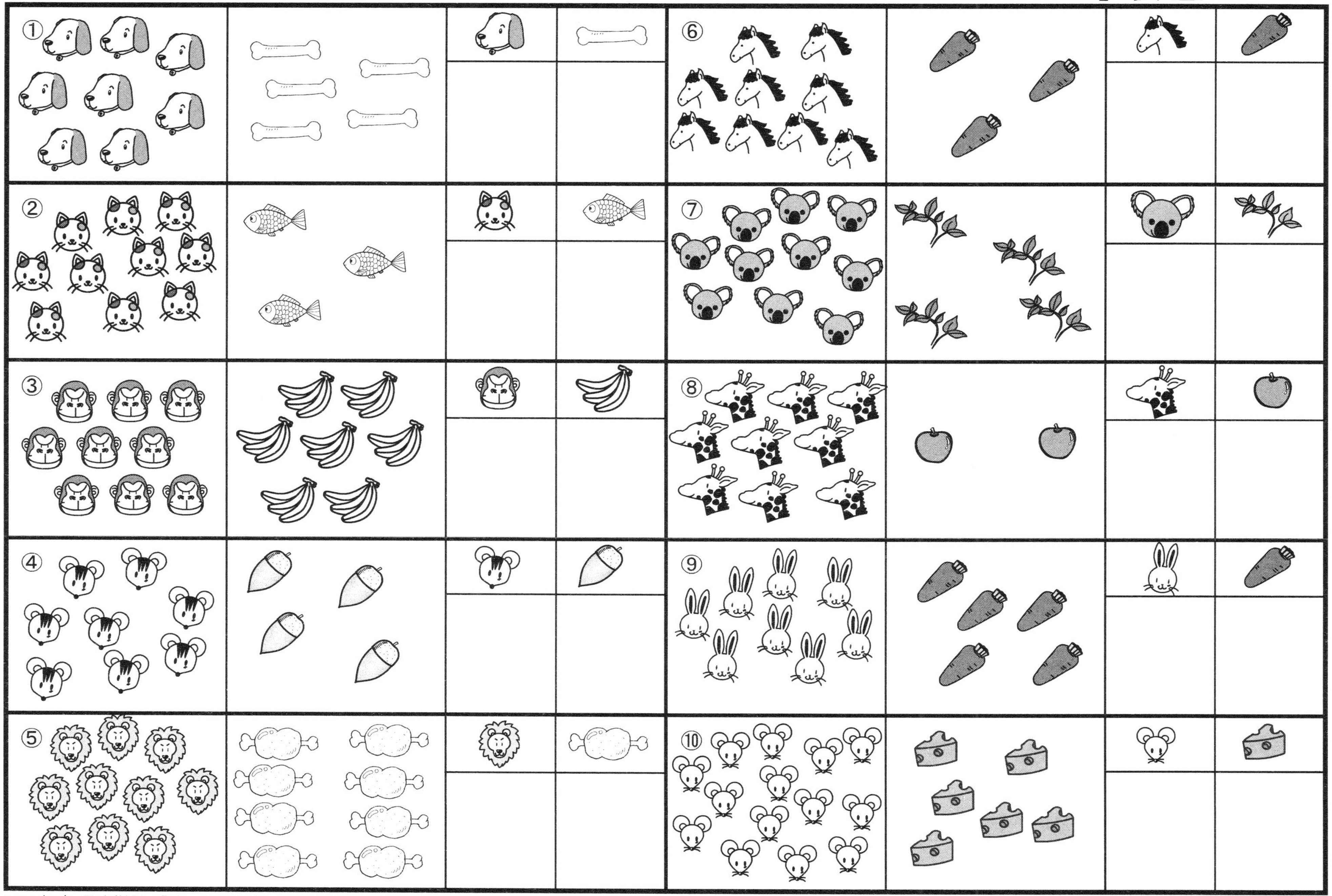

日本学習図書株式会社

問題３３

問題３４

①

②

③

④

⑤

問題３５

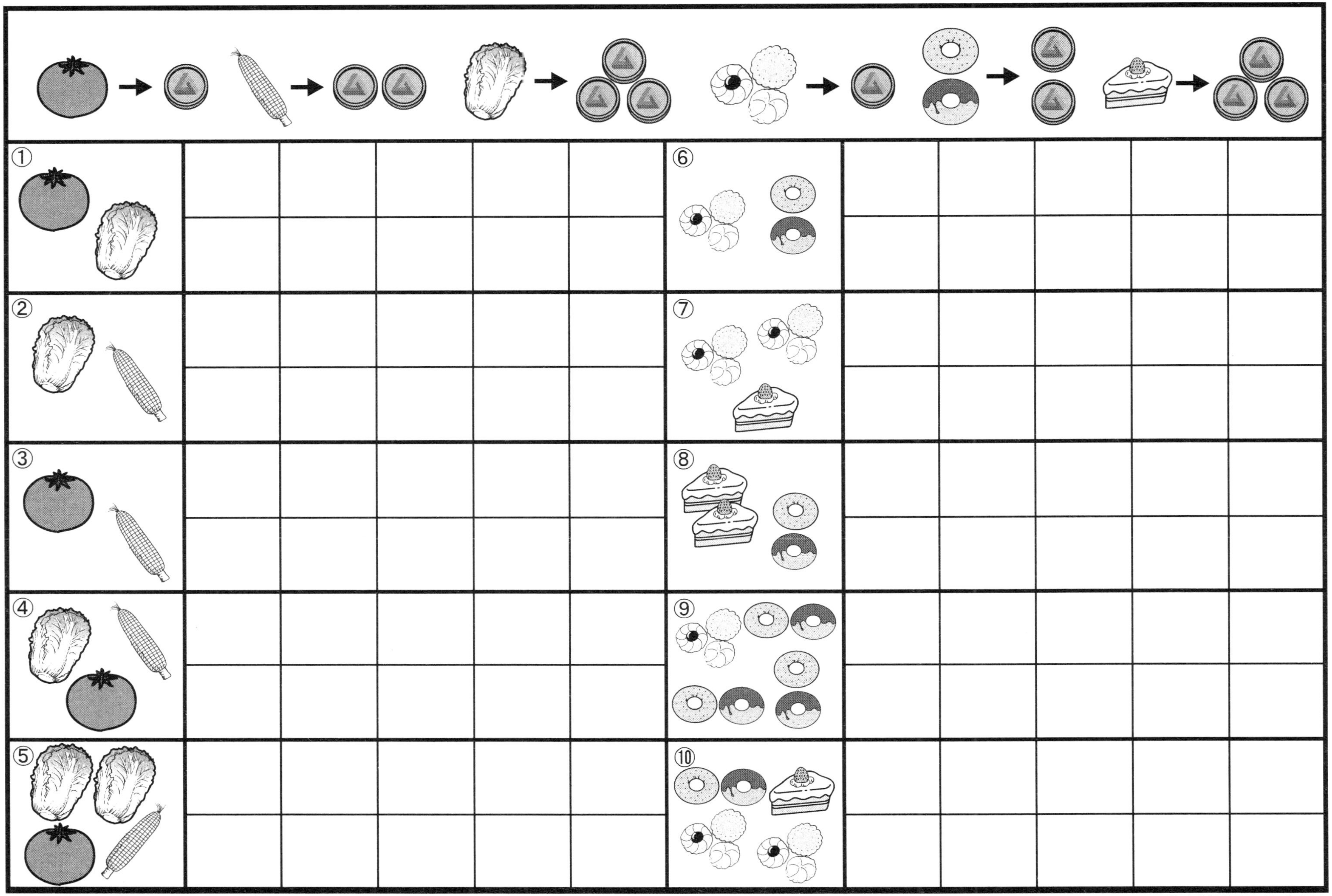

2024 年度 日出学園 過去 無断複製／転載を禁ずる　日本学習図書株式会社

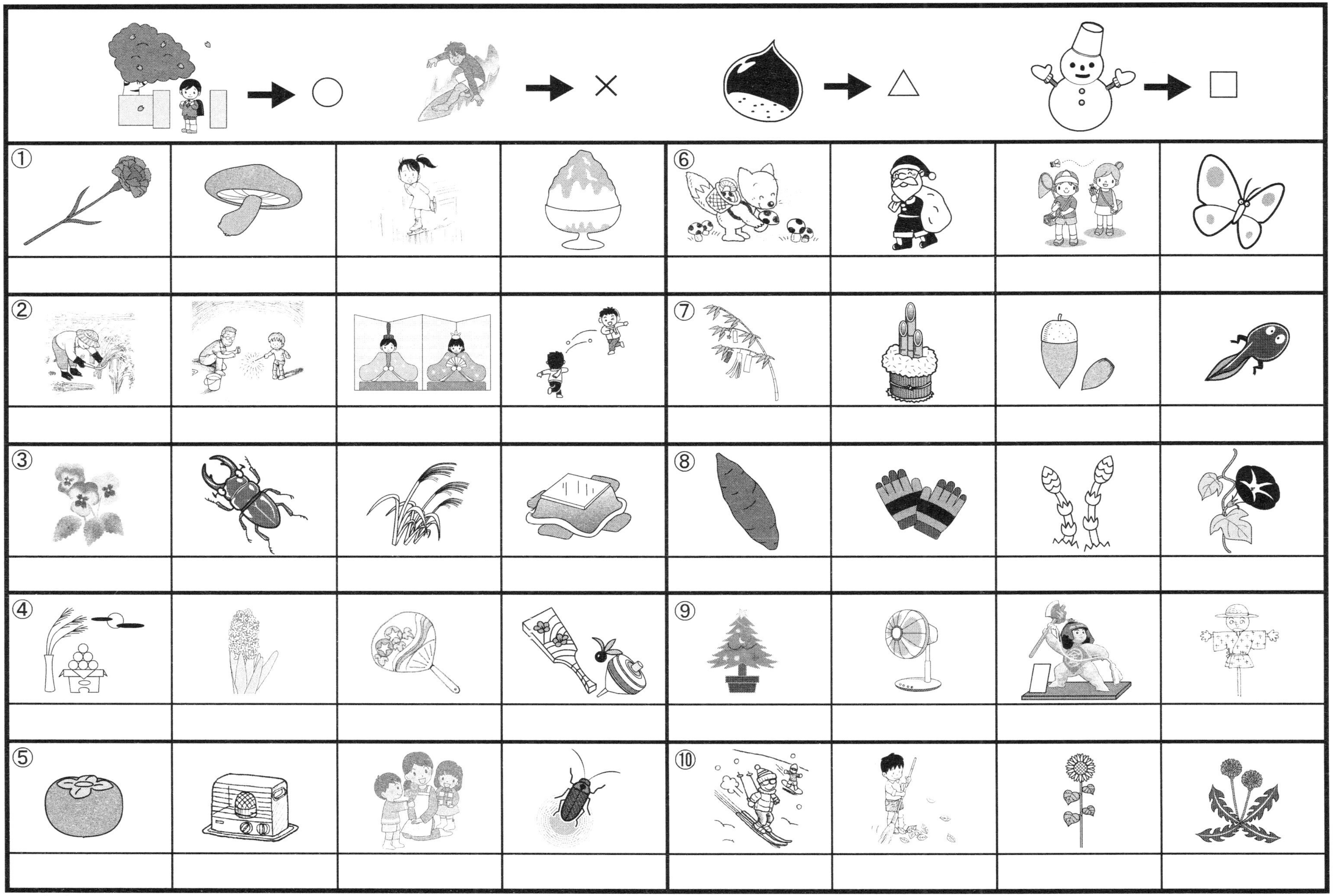

問題３７

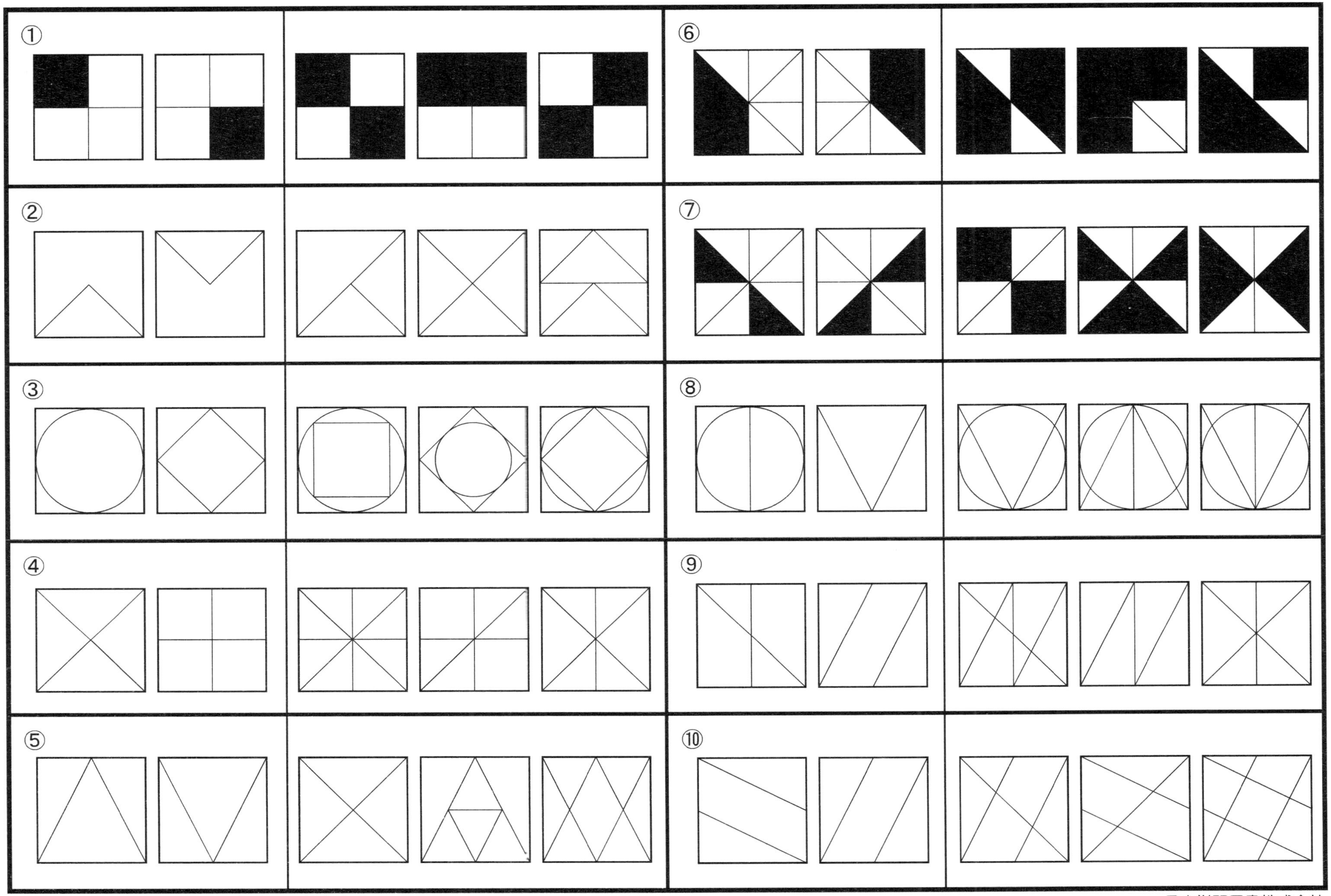

問題38

①

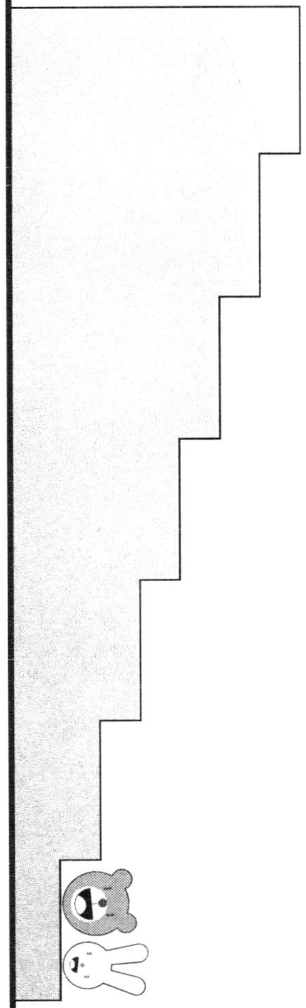

②

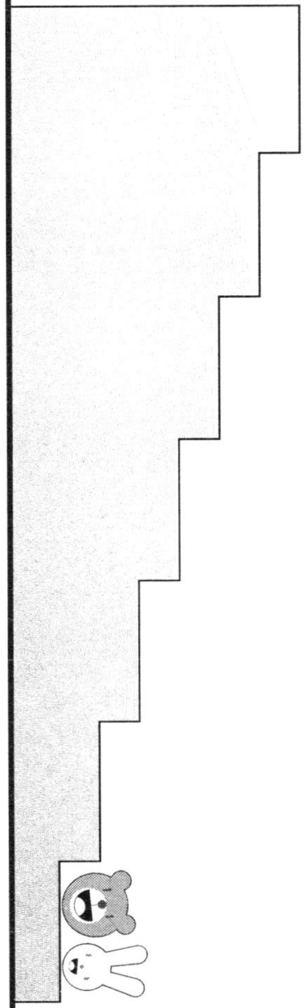

③

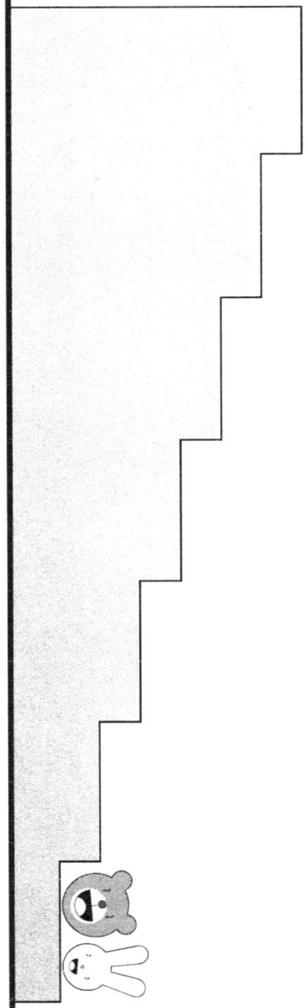

④

⑤

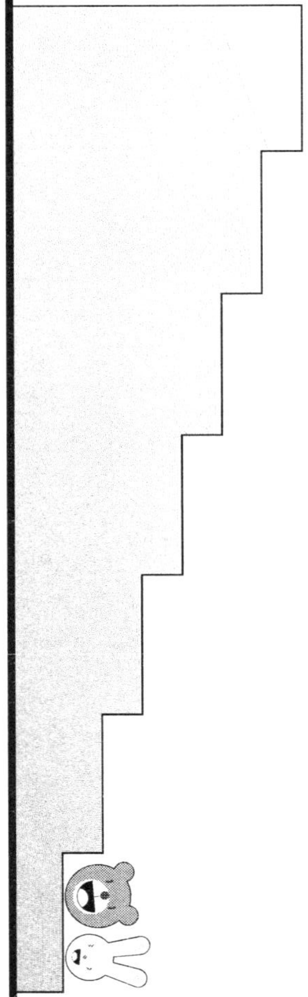

問題３９

①

②

③

④

⑤

日本学習図書株式会社

問題４０

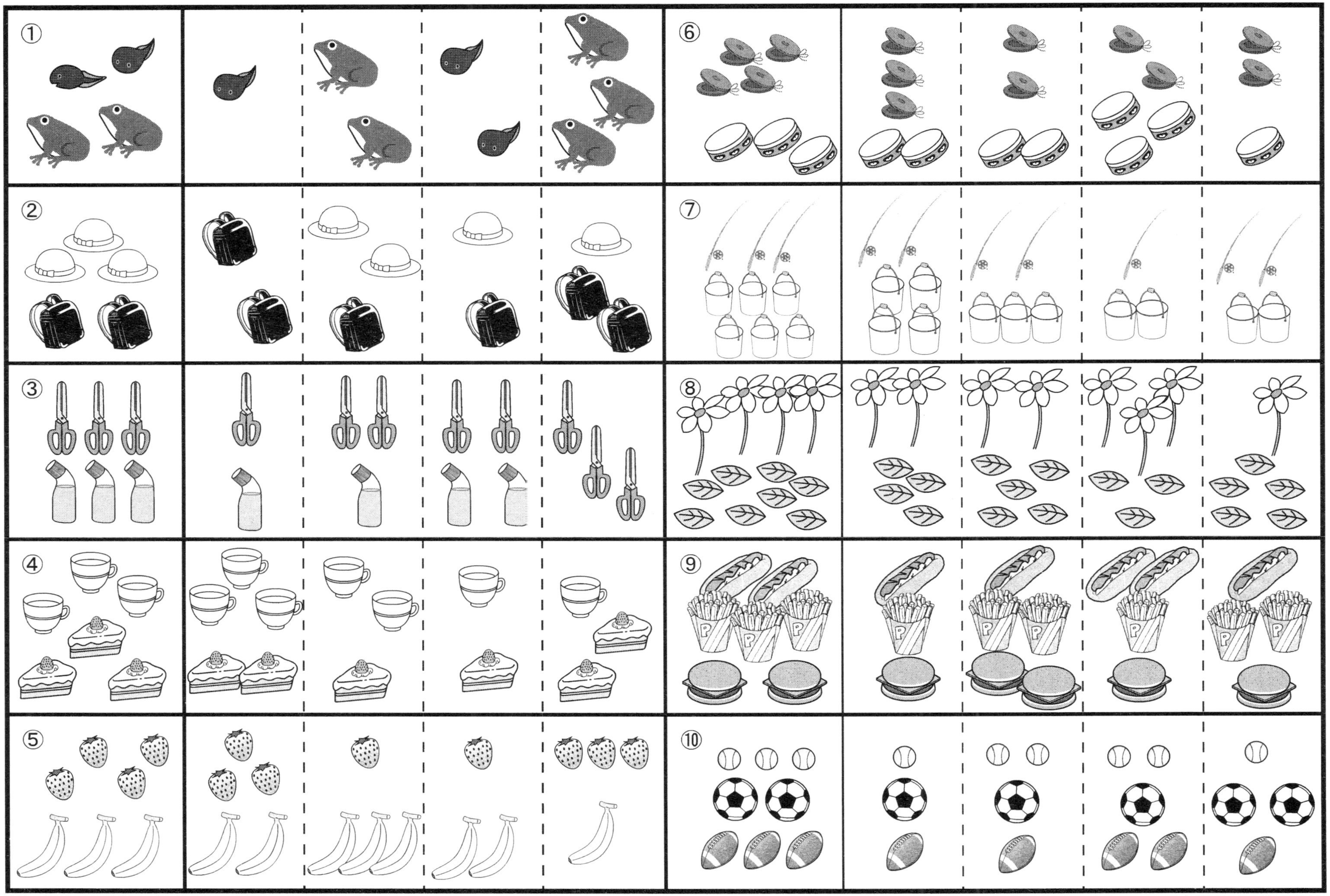

問題４１

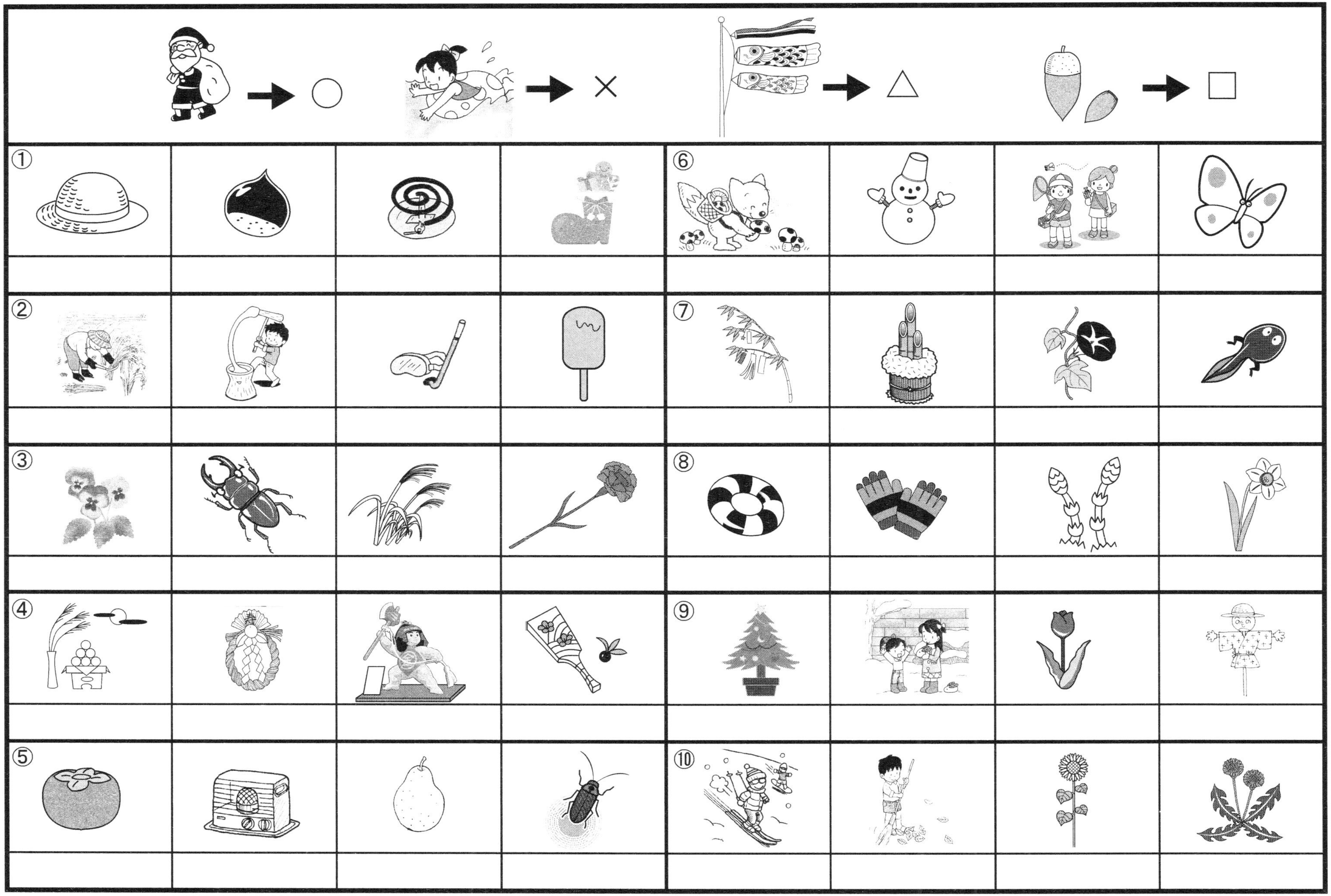

2024 年度 日出学園 過去 無断複製／転載を禁ずる

日本学習図書株式会社

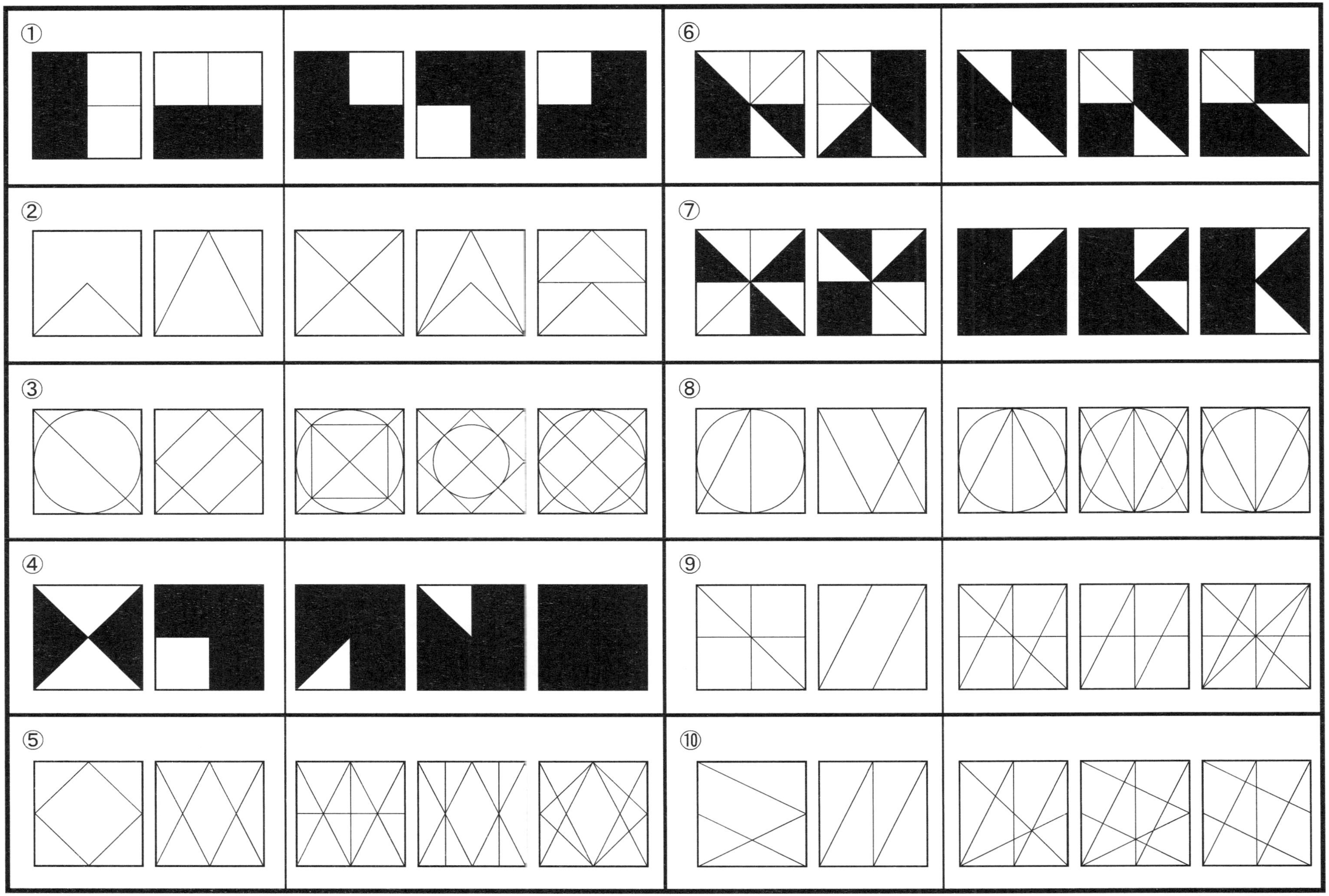

問題43

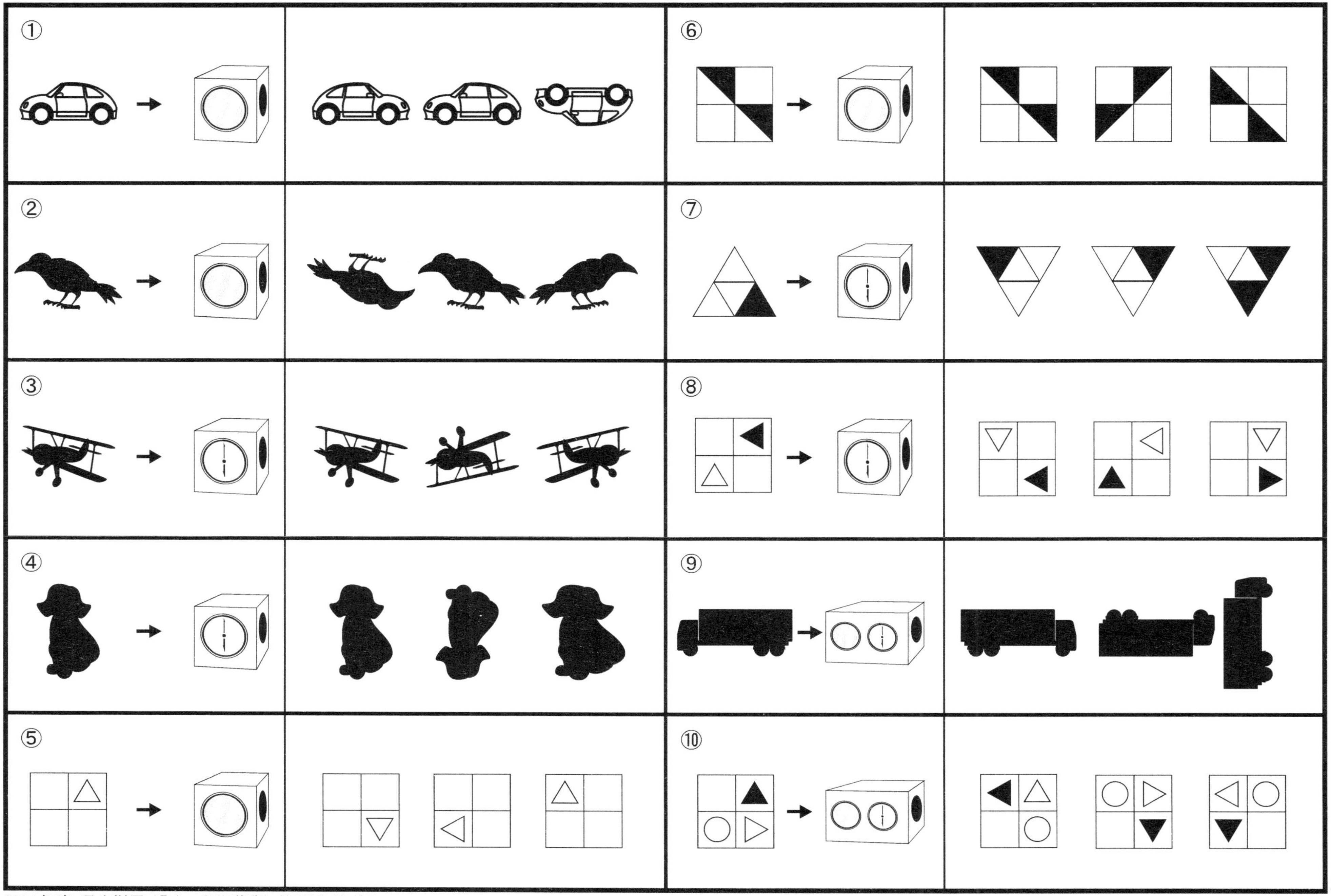

問題４５

日出学園小学校　専用注文書

年　　月　　日

合格のための問題集ベスト・セレクション

＊入試頻出分野ベスト３

1st　お話の記憶

聞く力　集中力

2nd　数　量

観察力　集中力

3rd　図　形

考える力　観察力　集中力

ペーパーテストの出題範囲は多岐にわたります。１つの分野につき出題される問題数が多いため、解答スピードが求められます。思考力を要する推理・数量などの複合問題にも注意しましょう。

分野	書　名	価格(税込)	注文	分野	書　名	価格(税込)	注文
図形	Ｊｒ・ウオッチャー２「座標」	1,650円	冊	推理	Ｊｒ・ウォッチャー33「シーソー」	1,650円	冊
図形	Ｊｒ・ウオッチャー６「系列」	1,650円	冊	常識	Ｊｒ・ウォッチャー34「季節」	1,650円	冊
推理	Ｊｒ・ウオッチャー７「迷路」	1,650円	冊	数量	Ｊｒ・ウォッチャー41「数の構成」	1,650円	冊
常識	Ｊｒ・ウォッチャー11「いろいろな仲間」	1,650円	冊	図形	Ｊｒ・ウォッチャー46「回転図形」	1,650円	冊
常識	Ｊｒ・ウォッチャー12「日常生活」	1,650円	冊	常識	Ｊｒ・ウォッチャー55「理科②」	1,650円	冊
数量	Ｊｒ・ウォッチャー14「数える」	1,650円	冊	常識	Ｊｒ・ウォッチャー56「マナーとルール」	1,650円	冊
言語	Ｊｒ・ウォッチャー18「いろいろな言葉」	1,650円	冊	言語	Ｊｒ・ウォッチャー60「言葉の音（おん）」	1,650円	冊
記憶	Ｊｒ・ウォッチャー19「お話の記憶」	1,650円	冊		１話５分の読み聞かせお話集①②	1,980円	各　冊
記憶	Ｊｒ・ウォッチャー20「見る記憶・聴く記憶」	1,650円	冊		お話の記憶　初級編	2,860円	冊
常識	Ｊｒ・ウォッチャー27「理科」	1,650円	冊		お話の記憶　中級編・上級編	2,200円	冊
観察	Ｊｒ・ウォッチャー28「運動」	1,650円	冊		保護者のための入試面接最強マニュアル	2,200円	冊
観察	Ｊｒ・ウォッチャー29「行動観察」	1,650円	冊		面接テスト問題集	2,200円	冊
推理	Ｊｒ・ウォッチャー31「推理思考」	1,650円	冊		新 小学校受験の入試面接Ｑ＆Ａ	2,860円	冊
推理	Ｊｒ・ウォッチャー32「ブラックボックス」	1,650円	冊		小学校受験で知っておくべき125のこと	2,860円	冊

合計	冊	円

（フリガナ） 氏　名	電　話 ＦＡＸ E-mail
住 所　〒　　　－	以前にご注文されたことはございますか。 有　・　無

★お近くの書店、または記載の電話・FAX・ホームページにてご注文をお受けしております。
電話：03-5261-8951　FAX：03-5261-8953　代金は書籍合計金額＋送料がかかります。
※なお、落丁・乱丁以外の理由による商品の返品・交換には応じかねます。

★ご記入頂いた個人に関する情報は、当社にて厳重に管理致します。なお、ご購入の商品発送の他に、当社発行の書籍案内、書籍に関する調査に使用させて頂く場合がございますので、予めご了承ください。

日本学習図書株式会社
http://www.nichigaku.jp